Principios de administración cerebral

Principios de administración cerebral

Un enfoque práctico para sacar el máximo provecho de tu cerebro

Ilchi Lee

Traducido por: Alma Alexandra García

Grupo Editorial Tomo, S.A. de C.V.,
Nicolás San Juan 1043,
03100, México, D.F.

1a. edición, julio 2012.
2a. edición, febrero 2014.

Nicolás San Juan 1043, Col. Del Valle
03100 México, D.F.
Tels. 5575-6615, 5575-8701 y 5575-0186
Fax. 5575-6695
www.grupotomo.com.mx
ISBN-13: 978-607-415-400-9
Miembro de la Cámara Nacional
de la Industria Editorial No 2961

Traducción: Alma Alexandra García
Diseño de portada: Karla Silva
Formación Tipográfica: Armando Hernández.
Supervisor de producción: Leonardo Figueroa

Impreso en México - *Printed in Mexico*

El cerebro da la vista al corazón.
El corazón da la visión al cerebro.

—Rob Kall, pionero en biorretroalimentación

Contenido

Introducción

Tu cerebro es tu vida 11
Eres el maestro de tu cerebro 12
Una obra maestra evolucionista 14
Cinco pasos para la maestría cerebral......... 16

1. De regreso a tus sentidos

Maneja tu estrés 20
Práctica: Conócete a ti mismo 22
Usa todos tus sentidos......................... 24
Práctica: Caminata amplia y despierta 25
Mueve tu cuerpo 27
Práctica: Estírate 29
Céntrate 30
Práctica: Equilibrio ciego 31
Respira bien 33
Práctica: Respiración con el vientre 34
Unifica tu mente y tu cuerpo.................. 35
Práctica: Pelota de energía................. 37

2. Flexiona tu materia gris

Sorprende a tu cerebro 41
Práctica: Ve ambos lados 42
Salte de tu zona de confort 43
Práctica: Piedra, papel, tijeras, cerebro 44
Rompe tus hábitos 46
Práctica: Desafío de 21 días................. 47
Redefine la creatividad......................... 48
Práctica: El arquitecto de la felicidad........ 49
Crea tu vida.................................. 50
Práctica: La base del deseo 51

3. Limpiar el ático

Mira hacia dentro.............................. 55
Práctica: Voltearlo al revés.................. 57
Deshazte de la basura 58
Práctica: Exhalar las emociones............ 59
Dota de poder a tu sonrisa..................... 60
Práctica: Dale a la sonrisa un lugar en tu vida . 61
Utiliza tu reserva emocional.................. 62
Práctica: Refuerzo positivo 63
Ten en la mira la nada......................... 65
Práctica: Ve las cosas al desnudo........... 67

4. Conecta los puntos

Busca realizarte.............................. 71
Práctica: Lo que el mundo necesita
en este momento 72

Escoge tu identidad 73
Práctica: Identidad corporal 74
Establece una meta elevada 76
Práctica: Meditación para la visión 77
Plan para el éxito 79
Práctica: PHVA (Planifica, Haz, Verifica, Actúa) 80
Sé fiel 81
Práctica: El ritual del auto-reflejo 82

5. Mira el panorama general
Considera los obstáculos como bendiciones 84
Práctica: Cuenta tus otras bendiciones 85
Ve más allá de tus límites 86
Práctica: Eleva tu confianza 87
Desarrolla un temperamento refinado 89
Práctica: Supermodelos cerebrales 90
Confía en tu cerebro 92
Práctica: Usos alternativos 93
Juega bien en equipo 95
Práctica: La paz es posible 96

Apéndices
Los cinco pasos del BEST (Sistema de Entrenamiento en Educación Cerebral, en español) 97
Sensibilización cerebral 97
Versatilización cerebral 98

Renovación cerebral.......................... 99
Integración cerebral.......................... 101
Dominio cerebral 102
BEST 5. Antecedentes filosóficos y científicos .. 105
Un encuentro incómodo de mentes............ 105
El problema fácil y el problema difícil.......... 106
Perspectiva BEST 107
La fuente de inspiración....................... 108
Oriente se encuentra con Occidente 110
Beneficios concretos de BEST.................. 111
El papel del cerebro 113
El cerebro flexible.......................... 114
El cerebro emocional.......................... 115
El cerebro unificado.......................... 116
El cerebro realizado.......................... 120
Acerca del autor 123

Introducción

Tu cerebro es tu vida

¿Alguna vez te has detenido a pensar que todo lo que eres se lo debes a tu cerebro?

Si alguien te pregunta quién eres, ¿qué es lo que contestas? Quizá dices algo como "Me llamo Juan. Soy un hombre de veintisiete años, de ascendencia africana y actualmente trabajo como maestro de primaria en Dallas, Texas." De manera instintiva, ambos, tú y Juan, saben que eres mucho más que eso. A Juan le encanta estar en presencia del arte magnífico. Se le eriza la piel cuando huele a tierra mojada por la lluvia. Los dos han experimentado una amplia variedad de formas de amor y sufrimiento a lo largo de su vida. ¿Cómo puede un nombre o una identidad resumir todo esto?

Sin embargo, todos estos elementos tienen algo en común: se generaron a través del cerebro. El cerebro de

Juan le permitió ser maestro de escuela y es a través de su cerebro que se asombra cuando está delante de una pintura majestuosa. Una sinfonía de información sensorial y de memoria dentro de su cerebro permite que surja esta reacción frente al olor a tierra mojada. Es también al interior de su cerebro que almacena la definición que tiene de lo que significa ser un hombre de veintisiete años y afroamericano.

En un cierto sentido podrías decir que eres tu cerebro. O, por lo menos, el cerebro es el instrumento por medio del cual experimentas toda la realidad, y es a través de él que interactúas con la realidad en cada reacción emocional, en cada decisión que tomas y en cada sueño que tienes. Todo lo que alguna vez has sido o serás se lo debes a tu cerebro.

Las condiciones de tu vida en el presente también dependen de la condición de tu cerebro. Si te gustan las condiciones que prevalecen en tu vida, debes usar tu cerebro para ayudarte a mantener esa vida. Si quieres cambiar tus condiciones de vida, también será necesario un uso efectivo de tu cerebro.

Eres el maestro de tu cerebro

Las buenas noticias son que tienes el poder infinito de cambiar y refinar tu cerebro. Hace unas cuantas décadas los científicos pensaban que las personas podían tener muy poca influencia sobre su cerebro. Se asumía que para cuando las personas llegaban a la edad adulta las conexiones de su cerebro eran permanentes y estaban fijas. En la niñez uno podía ejercer cierta influencia sobre el desarrollo del cerebro, pero en su mayor parte todo esto estaba genéticamente determinado. Se pensaba que el viejo refrán "No puedes enseñarle nuevos trucos a un perro viejo" era literalmente cierto.

Más recientemente, los científicos han descubierto que lo opuesto es verdad. Existe una cualidad del cerebro llamada neuroplasticidad, que te permite, hasta el último momento de tu vida, reestructurar y adaptar tu cerebro de acuerdo con tus necesidades. Puedes aprender nuevas cosas y adaptarte a nuevos ambientes, incluso a edad muy avanzada.

Puedes protestar que el "perro viejo" parece resistirse un poco a los "nuevos trucos". La experiencia común sugeriría que los niños pequeños aprenden y se adaptan con mayor rapidez que los adultos, especialmente que los adultos mayores.

Así sucede con frecuencia, pero yo propondría que es en parte una cuestión de elección, y no un rasgo predeterminado del cerebro. Pueden existir, ciertamente, algunas barreras biológicas a vencer conforme envejecemos. Las conexiones del cerebro se hacen más densas y más lentas a medida que llenamos el cerebro con las experiencias y el conocimiento de toda una vida. No obstante, la mayoría de las personas pierden mucha de su neuroplasticidad simplemente porque eligen no usarla. Por esa razón, te animo a que utilices y desafíes a tu cerebro tanto como te sea posible. Descubrirás que, al final, desarrollar tu cerebro es lo mismo que llevar un estilo de vida enérgico y satisfactorio.

Una obra maestra evolucionista

Puedes considerar a tu cerebro como un microcosmos que contiene todo lo que has sido y que alberga el potencial de todo aquello en lo que habrás de convertirte. El cerebro es único cuando se le compara con otros órganos porque es el único que ejerce influencia sobre el mundo fuera de tu cuerpo, así como sobre el interior del mismo. También es el único órgano que puede usarse para entenderse a sí mismo, y es el único que puede modificarse a sí mismo.

Ya sabes que tu cerebro guarda y almacena muchas experiencias de tu pasado. Incluso si tienes ochenta años probablemente aún retienes algunos recuerdos vívidos de tu niñez, y aun si no has andado en bicicleta en años probablemente hoy podrías manejar una sin mucho problema. Sí, algunas cosas se olvidan, pero no cabe duda que las experiencias que has tenido en el pasado y lo que aprendiste hace mucho tiempo han desempeñado un papel para moldear tu cerebro y hacer de ti lo que eres hoy.

Pero, ¿alguna vez te has detenido a pensar que tu cerebro recuerda un pasado incluso anterior a tu niñez?

¿Puedes imaginar que guarda elementos que podrían remontarse aún más allá de tu concepción? Esto puede parecer extraño al principio, pero en realidad no es tan místico como suena.

El cerebro humano contiene dentro de sus estructuras básicas un registro de la evolución de la vida consciente en este planeta. Cuando piensas en el cerebro humano y en sus extraordinarias capacidades, probablemente pienses en todas las creaciones maravillosas que proceden de la altamente desarrollada región cortical del ser humano. Este desarrollo en el cerebro humano fue esencial para crear el papel dominante del cual disfrutamos en el planeta. Ninguna de las grandes culturas, de las ciudades bulliciosas o de las tecnologías que te cambian la vida y definen nuestra experiencia humana podrían ser posibles sin la corteza prefrontal del cerebro humano. Pero la historia no termina ahí.

Todas las encarnaciones evolucionistas tempranas del cerebro siguen siendo evidentes en el cerebro humano. Aunque la corteza prefrontal del cerebro se ha hecho más grande y más compleja, jamás ha evolucionado lejos de su dependencia hacia otras encarnaciones "inferiores" del cerebro animal. El cerebro humano sigue conteniendo al emocionalmente orientado sistema límbico, que domina en el cerebro de otros mamíferos. Y sigue conteniendo el tallo cerebral, que es la parte más básica del cerebro, común a todos los animales que poseen un sistema nervioso central. De hecho, esta parte "reptiliana" del cerebro sigue siendo la más importante para nuestra vida. Sin ella nuestras funciones biológicas más vitales, como respirar y el latido del corazón, no podrían continuar.

Podrías decir que todos los problemas de tu vida son resultado de una desconexión entre los ideales creados en la región cortical y los impulsos de las partes animales de tu cerebro. Tu corteza prefrontal es la fuente de tus aspiraciones más elevadas y el lugar donde formas los ideales a partir de los cuales vives. Pero los niveles "inferiores" de tu cerebro pueden fácilmente desbaratar lo que tu corteza prefrontal ha determinado como ideal. Las emociones generadas en el sistema límbico con frecuencia llevan a conductas desalineadas con tus ideales, y tu tallo cerebral puede producir respuestas frente al estrés que debiliten tus metas personales, en lugar de apoyarlas. El propósito principal de este libro consiste en ayudarte a lograr que las distintas áreas de tu cerebro trabajen en conjunto, en apoyo mutuo, y no en oposición.

Cinco pasos para la maestría cerebral

La información que encontrarás en los siguientes capítulos te llevará a tener un sentido de poder sobre el funcionamiento de tu cerebro. La meta es desarrollar una conciencia del papel del cerebro en tu vida, adquirir la capacidad de coordinar las distintas partes de tu cerebro y, finalmente, obtener maestría sobre tu cerebro, de tal forma que trabaje plenamente a tu favor. Aplica a tu vida con honestidad y sinceridad los principios que aquí te presento y descubrirás una nueva sensación de paz y significado para tu vida.

El contenido de este libro se basa en el Sistema de Entrenamiento en Educación Cerebral que incluye los siguientes pasos: Sensibilización cerebral, Versatilización cerebral, Renovación cerebral, Integración cerebral y Dominio cerebral (véase Apéndice, pág. 98). A fin de cuentas, los pasos están diseñados para ser practicados de manera simultánea a lo largo de una vida, al tiempo que continuamente regresas a cada paso y lo perfeccionas. Sin embargo, al principio vale la pena tardarse en cada paso para entenderlo de manera sólida y dominarlo antes de continuar con el siguiente paso.

Mi más grande esperanza consiste en que la información que te presento en estas páginas te ayude a encontrar una mayor felicidad y sentido de realización en tu vida. Esto no está relacionado con el desarrollo cerebral desde el punto de vista académico. No tiene que ver con sacar mejores calificaciones o puntajes más elevados en las pruebas de coeficiente intelectual. Todo ello está bien, y puede ocurrir como resultado de este método, pero lo que realmente importa al final es tu calidad general de vida. Así que, por favor, utiliza este libro de buena manera, usa bien tu cerebro y descubre el gran gozo de vivir que es tu derecho de nacimiento.

Capítulo 1

De regreso a tus sentidos

¿Te ha sacado de tus casillas la carrera de locos de la vida? Como muchas personas hoy en día, quizá te sientas abrumado por una sobrecarga de información. Tu cerebro tal vez se ha vuelto confuso, cansado, simplemente agotado por el estrés. El primer paso en la administración cerebral se denomina **sensibilización cerebral**. Si tu cerebro se ha vuelto lento, este paso volverá a despertarlo y te reconectará con la energía de la vida.

Maneja tu estrés

La capacidad de manejar el estrés es el santo grial de la administración cerebral. Cualquier intento por desarrollar y utilizar tu cerebro puede verse frustrado si no logras un cierto nivel de control sobre tu respuesta frente al estrés. Si no son bien manejadas, las respuestas habituales frente al estrés interrumpen el proceso de aprendizaje, contribuyen de forma importante al envejecimiento cerebral y son la raíz de numerosas enfermedades crónicas.

En primer lugar, sin embargo, deberías saber que el estrés no es del todo malo. Es el proceso que nos permite responder rápida y efectivamente en situaciones de emergencia. Cuando se maneja apropiadamente, la respuesta frente al estrés ayuda a estimular el cerebro, mejorando el estado de ánimo y alentando la resolución creativa de problemas. Los investigadores han descubierto que las cantidades pequeñas de estrés, como las que se experimentan en la vida cotidiana y en los desafíos laborales, mejoran de hecho la función inmunológica, mientras el estrés extremo o prolongado produce el efecto opuesto.

El estrés continuo y prolongado es altamente destructivo para el cerebro, así como para otros órganos del cuerpo. La principal hormona de respuesta frente al estrés, el cortisol, puede matar y de hecho mata las células cerebrales, especialmente en el hipocampo, el cual participa en el aprendizaje y en la formación de la memoria. Muchos problemas graves relacionados con el cerebro, incluyendo el desorden de hiperactividad y déficit de atención (TDAH), la enfermedad de Parkinson y el Alzheimer se han relacionado claramente con la naturaleza destructiva de una exposición prolongada a las hormonas del estrés.

La respuesta frente al estrés se crea en el sistema nervioso parasimpático, el cual envía mensajes desde el cerebro al resto del cuerpo, alertándolo sobre la presencia de peligro. En esencia, está diseñada para redirigir toda la energía hacia la crisis del momento. El desempeño de muchos órganos en el cuerpo disminuye bajo la influencia de las hormonas del estrés, al tiempo que la frecuencia cardiaca aumenta y el flujo de sangre se redirige a los músculos para una rápida respuesta de pelea o huye.

Afortunadamente, el cerebro desea encontrar un estado de homeostasis para lograr el equilibrio entre la emoción y la tranquilidad. Aquí es donde entra en acción el sistema nervioso parasimpático, el cual regresa a los órganos a su funcionalidad original, disminuye la frecuencia cardiaca y restablece la circulación sanguínea a la normalidad.

Pero ¿qué pasa si los factores estresantes jamás disminuyen y te descubres en un estado de estrés constante? Probablemente terminarás con alguno de los problemas físicos y psicológicos relacionados con el estrés que representan una epidemia en nuestra sociedad.

Así pues, te conviene hacer todo lo que esté a tu alcance para reducir la respuesta frente al estrés. ¿Cómo puedes hacerlo? Sigue leyendo. En lo que resta de este capítulo encontrarás información y ejercicios que te ayudarán a romper el ciclo vicioso de respuesta frente al estrés en tu vida.

Práctica Conócete a ti mismo

Una manera de lograr controlar tu respuesta frente al estrés consiste en darte cuenta de cuándo se ha vuelto inapropiada. Un poco de estrés es benéfico, pero ¿cuándo y cómo se convierte en un problema para ti? Una forma de determinarlo es observando de cerca tu cuerpo físico. Con frecuencia, incluso antes de que tu mente consciente se percate de un factor estresante, los músculos de tu cuerpo responden frente a él, tensándose y poniéndose rígidos.

Si estás bajo la influencia de un estrés crónico, probablemente tienes algunos nudos relacionados con el estrés alrededor de tu cuello y hombros. ¿Te suena familiar? Trabaja para deshacer estos nudos mediante estiramientos, masaje y ejercicios de respiración como los que encontrarás en los siguientes capítulos. Sé paciente, tu cuerpo tiene el hábito de estresarse, así que estos puntos de tensión pueden tardar en aliviarse.

Asimismo, observa cómo responde tu cuerpo cuando te encuentras en una situación altamente estresante. ¿Levantas los hombros? ¿Tu respiración se vuelve corta y rápida? Estos pequeños detalles pueden ser una pista para el punto en el cual las hormonas del estrés han pasado de ser útiles a dañinas.

Usa todos tus sentidos

Tu cerebro está diseñado para alojar al menos cinco sentidos: la vista, el tacto, el oído, el olfato y el gusto. No obstante, ¿qué tanto los utilizas? Toma, por ejemplo, el simple acto de comer. Cuando comes, por supuesto notas el sabor de la comida, pero ¿realmente utilizas plenamente el resto de los sentidos? ¿Te tomas tiempo para sentir y apreciar un amplio rango de sabores, texturas y olores en tu comida?

La forma como la mayoría absorbemos la información sensorial es muy parecida a cuando ingerimos una dieta constante de comida rápida. La típica comida rápida, que consiste en carne molida, harina de trigo refinada, queso procesado y papas congeladas y fritas te priva del rango sensorial. La textura natural de esta comida ha sido removida para producir una sensación pareja y cómoda para la boca, la cual requiere poca masticación y poco ajuste mental.

Quizá ya eres lo suficientemente sabio para evitar la trampa de la comida rápida, pero ¿podrías estar viviendo una existencia de comida rápida a través de tu cerebro? Así como algunas personas se vuelcan repetidamente a su comida rápida favorita, tu cerebro quizá ha desarrollado un hábito sensorial a la comida rápida.

En el caso de la comida rápida uno ha sacrificado otros elementos sensoriales a favor de uno: el sabor. Piensa en cómo puedes estar haciendo lo mismo con tus otros sentidos. Las personas hoy en día tienen la inclinación a depender sólo de un sentido, especialmente el estímulo visual, a expensas de los demás sentidos. Cuando se te pide que describas un objeto, ¿en qué te enfocas? Cabe la posibilidad de que describas su apariencia, pero por lo regular no cómo se siente o a qué suena o a qué sabe. En la mayoría de las experiencias un sentido es el que predomina, mientras los otros quedan desdibujados en el fondo.

Por este hábito niegas a las muchas partes del cerebro involucradas con el procesamiento sensorial la oportunidad de trabajar en conjunto y abrirse a nuevas modalidades de experiencia para ti. Una forma muy rápida de formar conexiones adicionales en el cerebro consiste simplemente en abrir tus sentidos plenamente al mundo que te rodea.

La vida es como una maravillosa fiesta. Tómate el tiempo para abrirte a la totalidad del espectro de experiencias que ofrece.

Práctica Caminata amplia y despierta

Caminar es un ejercicio fabuloso por muchas razones. La caminata regular reduce la incidencia de muchas enfermedades comunes y contribuye a un sentido general de bienestar. Estos beneficios probablemente no son una sorpresa para ti, pero ¿sabías que caminar también es bueno para tu cerebro?

Muchas áreas del cerebro trabajan en equipo para facilitar esta actividad común, pero sorprendente. El simple acto de caminar es, en sí mismo, como un gran llamado para que el cerebro despierte. De hecho, muchos artistas, filósofos, escritores y músicos famosos, incluyendo a Charles Dickens, Wolfgang Amadeus Mozart y Thomas Jefferson incluían la caminata como parte de su método para inspirarse. Al parecer, el complejo mecanismo de la caminata toca muchas partes del cerebro y permite que las ideas fluyan en formas nuevas y emocionantes.

Así pues, usa la caminata como una forma para despertar tu cerebro y encontrar inspiración para tu vida. Mientras caminas hazte el propósito de involucrar todos tus sentidos plenamente. La mayoría de nosotros tendemos a recargarnos principalmente en el sentido de la vista, así que hazte a la tarea de utilizar tus oídos, tu nariz y tu piel también. Absorbe todas las capas de sonido, huele los muchos aromas del día, y siente cada parte de tu cuerpo mientras te mueves atravesando el aire.

Mueve tu cuerpo

Los músculos de tu cuerpo se atrofian si no los mueves. De la misma forma, debes usar tu cerebro para mantenerlo funcionando a toda su capacidad. Afortunadamente, puedes matar dos pájaros de un tiro al mover tu cuerpo. Cada vez que ejercitas tus músculos también estás ejercitando tu cerebro. Los beneficios del ejercicio para el cerebro están bien documentados. Se ha descubierto que incluso los movimientos musculares sencillos impulsan el crecimiento de células en el cerebro. Se sabe que el ejercicio aeróbico regular acelera la memoria de evocación, aumenta las endorfinas, reduce la depresión, acorta el tiempo de reacción y hace que circule más oxígeno al cerebro.

El ejercicio ayuda a crear al interior de tu cuerpo las condiciones ideales para el desarrollo cerebral. En primer lugar ayuda a reducir los efectos del estrés, neutralizando las hormonas del estrés y estimulando el sistema nervioso simpático. En segundo lugar, mejora la eficiencia general de tu sistema cardiovascular, lo cual a su vez lleva más sangre y oxígeno al cerebro.

El ejercicio regular no sólo crea un ambiente corporal más sano para las células nerviosas, sino que las acciones mismas estimulan nuevo crecimiento. Cada vez que mueves tu cuerpo, las áreas correspondientes de tu cerebro se activan. Si la acción es compleja, donde se incluye la coordinación de músculos, equilibrio y sentidos, como en el acto de caminar, muchas áreas de tu cerebro se activan de manera simultánea. Como resultado, se estimulará nuevo crecimiento y las antiguas conexiones entre las distintas partes del cerebro se solidificarán.

Para utilizar de mejor manera el cerebro busca formas nuevas e inesperadas de movimiento del cuerpo. Nuestra tendencia puede ser mover sólo el cuerpo en formas habituales. Incluso las personas que hacen ejercicio con regularidad tienden a regresar a las mismas actividades una y otra vez. En vez de ello, prueba el entrenamiento cruzado del cerebro, tal y como un atleta puede entrenar de forma cruzada su cuerpo para obtener mejores resultados. Asimismo busca ejercicios que muevan el cuerpo en distintas direcciones, como el yoga o el baile, en oposición al ejercicio que usa los mismos movimientos repetitivos.

El ejercicio regular también te dará la fortaleza y el vigor que necesitas para actuar de acuerdo con la inspiración creativa producida por tu cerebro. Sin esta forma básica de salud puedes descubrir que te cansas mucho y no te sientes motivado para perseguir tus sueños. Además, el entrenamiento físico ayuda a desarrollar el autocontrol, la integridad y la fuerza de voluntad que necesitas para comenzar a crear la vida de tus sueños.

Práctica Estírate

Cuando te despiertas, ¿qué es lo primero que haces por lo general? La mayoría de las personas bostezan y se estiran. Hasta los niños pequeños lo hacen sin que se les enseñe a hacerlo. Incluso los gatos y los perros se estiran. Por instinto el cerebro sabe que el cuerpo debe moverse para que el cerebro esté completamente en marcha. Cuando te estiras es como si se encendieran un millón de interruptores y dijeran al cerebro, "¡Prepárate porque nos vamos!".

No hay razón para que este mismo principio no se aplique a tu cerebro a cualquier hora del día. Especialmente si tu trabajo es sedentario, tu cerebro puede adormecerse en una actividad de ondas cerebrales similares al sueño. Probablemente has experimentado esto como somnolencia o confusión mental general. Para evitarlo, levántate de tu silla a intervalos regulares y estira tu cuerpo.

Cuando realices una actividad sedentaria, como el trabajo frente a una computadora o la lectura de un libro, detente más o menos cada hora para estirarte. Comienza con el cuello y con los hombros y sigue hasta los músculos de las piernas y los pies. Prueba mover los músculos en todas direcciones. Inhala mientras mantienes el estiramiento durante cinco segundos, y luego aflójate mientras exhalas. Pronto, tu sangre estará circulando con mayor efectividad por todo tu cuerpo, liberando oxígeno fresco a tu cansado cerebro.

Céntrate

Diversos estudios han mostrado que pasan cosas muy específicas y concretas en el cerebro cuando meditas. Durante la meditación las ondas cerebrales se asemejan a las que se ven cuando alguien está dormido y soñando. Sin embargo, a diferencia de cuando estás dormido, cuando meditas estás plenamente consciente. Podrías ver la meditación como una especie de sueño despierto; es un momento en el que permites a propósito y conscientemente que tu cerebro descanse y se relaje profundamente.

La meditación podría describirse como un entrenamiento para la felicidad. El Dr. Richard Davidson de la Universidad de Wisconsin tiene la teoría de que la meditación aumenta la actividad en la corteza prefrontal izquierda, la cual se asocia con sentimientos de alegría y gozo. Entre más practiques la meditación, tu cerebro adquirirá más el hábito de usar estas regiones del cerebro. Asimismo, los científicos han observado que la meditación calma la actividad en la amígdala cerebral, responsable del miedo y las respuestas frente al estrés.

Las investigaciones confirman que la meditación produce efectos sorprendentes en la estructura y función del cerebro. En un estudio hecho a monjes budistas, quienes por lo regular meditan durante varias horas al día, se descubrió que la región cortical de su cerebro era mucho más gruesa que el promedio, lo cual sugiere que hay una capacidad mucho mayor para la concentración profunda. Además, los monjes mostraron una mayor actividad en las áreas del cerebro asociadas con la felicidad, algo que todos queremos para nuestra vida.

Práctica Equilibrio ciego

Los ejercicios de equilibrio son una excelente forma para practicar cómo encontrar tu centro en tu cuerpo. En cierto sentido, podrías verlos como una meditación para el cuerpo. Para comenzar, balancéate sobre tu pie derecho al tiempo que doblas tu rodilla izquierda y subes tu pie izquierdo a tu rodilla derecha. Pon tus manos en forma de puños y mantén los brazos en tu cintura. Observa cuánto tiempo puedes mantener esta postura. Cambia y prueba lo mismo con el otro pie.

Una vez que mantengas la posición en cada pie durante al menos veinte segundos, vuelve a hacer lo mismo, pero con los ojos cerrados. Si ves que se te dificulta estar equilibrado con los ojos cerrados, significa que no estás encontrando tu centro dentro de tu cuerpo. Más bien estás dependiendo de la información externa, la cual absorbes a través de tus ojos, para ayudarte a estar equilibrado. Ponte como meta centrarte en un punto cinco centímetros debajo de tu ombligo, que es el centro del cuerpo físico. Tal vez quieras golpetear el área con la punta de tus dedos. Sigue practicando hasta que puedas estar de pie al menos durante un minuto sin abrir los ojos.

Respira bien

La respiración es esencial para la salud del cerebro. Sin el oxígeno que proporciona, tu cerebro no podría vivir más de unos cuantos minutos. Con cada respiración que tomamos, se vierte oxígeno al torrente sanguíneo, y gran parte de él eventualmente se utiliza para el cerebro. Así pues, es importante para la salud de nuestro cerebro que respiremos bien, con el fin de mantener nuestra sangre completamente oxigenada.

Si eres como muchas personas, tu respiración es inadecuada; es corta y usas sólo una pequeña porción de tu capacidad pulmonar. Sin embargo, no comenzaste haciéndolo de esta forma. Cuando eras bebé nadie tuvo que enseñarte cómo respirar bien. Eras un respirador natural de nacimiento. ¿Alguna vez has visto dormir a un niño? Él puede enseñarte mucho acerca de cómo dormir bien.

Cuando un bebé duerme, todo su pecho y abdomen se elevan con cada respiración, pero a medida que crecemos los efectos del estrés y la postura inapropiada comienzan a poner en peligro nuestra capacidad de respirar. El pecho se pone tieso, el abdomen se vuelve rígido y comenzamos a usar sólo la parte superior de nuestro pecho para respirar. Ésta es una reacción natural ante el estrés prolongado, el cual es resultado de una eficiencia disminuida en todos los órganos, incluyendo los pulmones.

Para mejorar esta situación puedes comenzar a respirar con mayor conciencia. En efecto, necesitas reentrenarte para respirar como lo hacías cuando eras bebé. Los encefalogramas han mostrado que la respiración consciente, cuando se le compara con la que se hace de forma inconsciente, activa muchas áreas del cerebro, además de oxigenar la sangre. Ponte la meta de observar y corregir tus hábitos de respiración.

Práctica Respiración con el vientre

Recuéstate boca arriba en una superficie plana y cómoda, como el piso o una cama. Extiende los brazos a los lados a unos cuarenta grados, y separa tus pies a la misma altura de tus hombros. Enfócate en relajar tu cuerpo por completo.

Al principio simplemente concéntrate en el ritmo de la respiración en tu pecho. No trates de forzar tu respiración; solamente relájate y sigue tu patrón natural. Con cada exhalación intenta liberar más y más tensión del cuerpo. Enfócate en cada parte del cuerpo, dejando ir toda la tensión de esa área. Libera completamente toda la tensión del rostro, los hombros, los brazos, la espalda, el abdomen y los pies. Cuando te sientas plenamente relajado comienza a respirar suavemente y con mayor profundidad hacia el abdomen, hasta que sientas un mayor calor en la parte inferior del mismo.

Unifica tu mente y tu cuerpo

Con el fin de aprender verdaderamente a usar bien tu cerebro deberías considerar buscar alguna clase de entrenamiento físico a conciencia. A través de este tipo de entrenamiento riguroso aprenderás a vencer limitaciones en tu cuerpo. Como un beneficio adicional obtendrás una mayor confianza en muchas áreas de tu vida.

Cualquier tipo de entrenamiento atlético te ayudará a lograrlo, pero algunos son especialmente efectivos para unificar la mente y el cuerpo. Varias prácticas asiáticas antiguas, incluyendo el *yoga*, el *tai chi*, el *ki gong* y muchas artes marciales, buscan específicamente entrenar la mente en relación con el cuerpo. La palabra *yoga* significa "unificar" y la meta consiste en unir como uno solo la mente y el cuerpo. Numerosos estudios han confirmado el efecto significativo que estas prácticas pueden producir en tu cerebro para facilitar la relajación profunda, mejorar la coordinación y desarrollar la atención.

Un elemento común a todas estas prácticas es el concepto del *ki* (o *chi* o *qi*), el cual es considerado la energía vital que fluye a través del universo. Este elemento es también el foco de las prácticas médicas tradicionales asiáticas, como la acupuntura y la medicina herbal, las cuales buscan el equilibrio y facilitan el flujo del *ki* en todo el cuerpo.

Aunque el *ki* puede no ser tan tangible como otras funciones biológicas, es útil pensar en la energía como la mediadora entre la mente y el cuerpo. Hacerlo te ayudará a tener un sentido de conexión entre los dos y puede ayudarte a coordinar tu cuerpo y tu cerebro de una forma más completa. Cuando visualices el cerebro te resultará útil pensar en términos de energía, pues de manera incontrovertible todo el sistema nervioso se basa en los impulsos electroquímicos para enviar y recibir sus mensajes.

De hecho, quizá ya estés acostumbrado a observar una relación entre tu cerebro y tu energía, aún si no lo llamas *ki*. Un ejemplo obvio probablemente sería si has observado que cuando tu cerebro está muy alerta y positivo, tu nivel de energía también es muy alto. Por otra parte, tu nivel de energía cae cuando tu mente se hunde en la tristeza y la preocupación.

Estos son ejemplos básicos de cómo la energía vital sigue a las fluctuaciones de tu cerebro, pero también puedes mirar más de cerca las fluctuaciones de energía en tu cuerpo. Por ejemplo, si sientes tensión en tu cuerpo debido al estrés, puedes ver esto como energía estancada. Como sabes que la energía se mueve en concordancia con la mente, tu cerebro puede ir en apoyo de tu cuerpo para ayudarlo a liberar los efectos del estrés y a obtener maestría sobre tu salud mental y física.

Práctica Pelota de energía

La energía *ki* no puede verse, pero puede sentirse. Este ejercicio te ayudará a aprender a sentir su presencia. Además, requiere una concentración profunda y relajada, el remedio perfecto para los cerebros agotados y estresados. Deberías estar tan relajado como te sea posible antes de llevar a cabo este ejercicio, así que estira tu cuerpo y haz algunos ejercicios de respiración con el abdomen (página 34) antes de comenzar.

En primer lugar, siéntate en posición de medio loto con la espalda recta. Si te resulta incómodo, usa una silla o recárgate contra la pared. Coloca las manos cómodamente sobre tus muslos con las palmas hacia arriba. Cierra los ojos y relájate profundamente. Comienza a centrarte en la superficie de tus palmas. Observa cualquier sensación en ellas. Puedes notar calor, hormigueo u otras sensaciones.

Levanta las manos y gira las palmas de tus manos para que queden una frente a la otra. Acércalas hasta que estén separadas por unos tres centímetros. Una vez más, concéntrate en la sensación entre las palmas, sintiendo la energía entre ellas. Poco a poco comienza a separarlas ligeramente, manteniendo tu atención en la sensación. Luego vuelve a juntarlas lentamente. Continúa con este movimiento, sintiendo cómo la pelota de energía crece y se contrae.

Capítulo 2

Flexiona tu materia gris

En algún momento los científicos que estudian el cerebro creyeron que al llegar al estado adulto las conexiones en nuestro cerebro estaban fijas. Sin embargo, más recientemente el cerebro ha revelado una capacidad sorprendente para renovarse a sí mismo, lo cual recibe el nombre de neuroplasticidad. Se trata de un concepto muy esperanzador, pues sugiere que tenemos mucho más control sobre nuestro destino neurológico de lo que los genetistas deterministas podrían sugerir, pero para sacar el máximo provecho de este rasgo debemos desarrollar el hábito de renovar nuestro cerebro con facilidad, y en eso consiste el segundo paso, la **versatilización cerebral.**

Sorprende a tu cerebro

Tu cerebro adquirirá muchísima flexibilidad si adquieres el hábito de cambiar tu punto de vista con gran rapidez. Esto es fundamental para la resolución creativa de problemas y te ayudará a manejar mejor tus relaciones humanas.

De hecho, muchas personas muy creativas han desarrollado técnicas para obligar a su cerebro a alejarse de lo ordinario para entrar en el reino de lo extraordinario. Esto puede llevarse a cabo moviendo el cuerpo de una manera distinta o teniendo contacto con un objeto inusual, de modo que muchos sentidos y asociaciones participen simultáneamente. En cierta forma esto sorprende al cerebro, sacándolo de su rutina. Quizá hayas observado que tus mejores ideas se te ocurren en la regadera o cuando haces fila en el supermercado, y no cuando estás trabajando mucho, tratando de ser creativo. Las ideas creativas raramente vienen cuando "deberían" porque la rutina y la normalidad son lo opuesto a la creatividad. Darse una ducha e ir de compras son también actividades ordinarias, pero proporcionan un cambio en perspectiva y una información sensorial alejada del típico ambiente de trabajo.

Quizá imaginas que un escritor pasa días detrás de un escritorio, sentado en una silla. Robert Louis Stevenson, Mark Twain y Truman Capote se recostaban cuando buscaban inspirarse. Ernest Hemingway, Virginia Woolf y Lewis Carroll escribían de pie. William Wordsworth sacaba punta a sus lápices para inspirarse, y muchos simplemente salían a caminar: Henry David Thoreau, A.E. Housman y Charles Dickens, por nombrar algunos.

En esencia, estas actividades abren tu cerebro a nuevas formas de pensar. Lo sacan de su rutina normal, de modo que otros patrones más originales de pensamiento puedan verse alentados. Así pues, asegúrate de sacudirte la rutina de vez en cuando para mantener tu cerebro vital y fresco.

Práctica Ve ambos lados

Piensa en algo no humano en tu casa con lo que interactúes todos los días. Puede tratarse de un objeto, como un televisor o un tostador, o quizá una mascota a la que quieras mucho. Ahora, escribe una descripción completa de este objeto, contándonos sobre su apariencia y sobre cómo actúa.

Luego escribe una descripción de ti, desde el punto de vista del objeto. ¿Cómo te ves desde su perspectiva?

Salte de tu zona de confort

Los seres humanos tienden a ser flojos. Les gusta hacer lo más fácil. Tristemente esto es lo peor que le puede pasar al cerebro.

Digamos que eres un estudiante de universidad que debe elegir una materia optativa cada semestre. También imagina que eres muy bueno para las humanidades, pero pésimo en matemáticas. ¿Cuál vas a elegir? Si eres como la mayoría de las personas agregarás unas cuantas asignaturas de humanidades a tu plan de materias del semestre.

El curso de humanidades ciertamente requerirá menos energía que un curso de matemáticas. No sólo tendrás que estudiar menos horas, sino que tu cerebro no tendrá que gastar energía extra para producir las conexiones cerebrales que hacen posible el razonamiento matemático avanzado.

Pero, ¿qué es realmente mejor para el cerebro? Las matemáticas, por supuesto; lo que no resulta tan automático para ti. Lo mismo se aplicaría para quien es bueno en matemáticas: él o ella debería inscribirse en un curso de composición de poesía o algo por el estilo. Si una actividad es fácil para ti, las conexiones neurales necesarias para llevarla a cabo ya están en tu cerebro.

No existe un desafío real para el cerebro. Así que si tomas tu clase de humanidades en realidad sólo estarás reforzando los senderos ya existentes. Si realmente quieres que tu cerebro crezca, ¡prueba hacer aquello que te choca hacer!

Desafortunadamente nuestra cultura no recompensa a quienes sobresalen de esta forma. Recompensa, más bien, la elección segura. Tú, igual que el estudiante universitario hipotético, probablemente mantendrás un mejor promedio general si tomas un curso sencillo.

Yo te animaría a que reconsideraras el momento en el que te digas "No puedo hacerlo" o "No soy bueno en eso". Si no sabes cantar, comienza cantando canciones a grito pelado cuando tengas oportunidad de hacerlo. Si tienes dos pies izquierdos, sal y vete a bailar toda la noche. No te dejes perturbar por tu falta de capacidad y sé benevolente cuando te enfrentes con tu propia vergüenza. Tu cerebro te lo agradecerá, y quizá te diviertas mucho en el proceso.

Práctica Piedra, papel, tijeras, cerebro

Existen numerosos y distintos ejercicios de coordinación de manos que pueden desafiar tu cerebro y ayudarte a producir nuevas conexiones cerebrales. De hecho, cuando los niños juegan juegos de palmadas están haciendo mucho para ayudar a desarrollar su propio cerebro, aunque no existe razón por la cual esta clase de juego de autodesarrollo debiera jugarse sólo en el patio de la escuela. Practicar y dominar una variedad de juegos que requieren coordinación de manos te ayudará a que mantengas el hábito de producir nuevas conexiones para tener flexibilidad cerebral. Prueba el siguiente, que se basa en el juego de Piedra, Papel y Tijeras. Primero, realiza los tres movimientos con ambas manos hasta que puedas hacerlo rápida y fácilmente con cualquiera de las dos manos. Luego trata de hacerlo con las dos manos al mismo tiempo, de modo que una mano haga el símbolo que cancela al otro. Por ejemplo, cuando la mano derecha esté haciendo el símbolo de piedra, la izquierda hace el de papel. Sigue practicando hasta que puedas hacerlo con rapidez y fluidez.

Rompe tus hábitos

Aristóteles dijo: "Somos lo que hacemos repetidamente". En otras palabras, somos nuestros hábitos. En el caso de los buenos hábitos, esto no es un problema, ya que continuamente trabajan a nuestro favor, ayudándonos a vivir vidas mejores y más satisfactorias. Pero cuando se trata de malos hábitos, esto no resulta tan maravilloso, pues éstos pueden tomar la forma de patrones emocionales adictivos que perturban nuestras relaciones o de hábitos nutricionales pobres que socavan nuestra salud física. Si observas con detenimiento tus hábitos verás que la mayoría de los problemas en tu vida se relacionan claramente con algún hábito u otro.

Cuando se ven desde la perspectiva del cerebro, los hábitos son producto de conexiones cerebrales bien establecidas. Cuando haces algo por primera vez que podrías considerar un mal hábito, digamos, morderte las uñas, te sientes impulsado a repetir esta conducta varias veces. Quizá morderte las uñas te ayuda a liberar un poco de tensión nerviosa o te aleja de tu aburrimiento por un rato. Sea cual sea la razón, regresas a la conducta una y otra vez, cada vez con mayor frecuencia, hasta que desarrollas un hábito. Siempre que regresas a la acción se refuerzan las conexiones cerebrales y se solidifican, haciendo que la conducta sea muy cómoda y automática para que tu cerebro la procese. Este cableado, combinado con sensaciones de placer, dará como resultado un nuevo hábito.

Las buenas noticias son que la sorprendente capacidad neuroplástica del cerebro te permitirá romper malos hábitos y reemplazarlos con un patrón conductual más constructivo.

Práctica Desafío de 21 días

Identifica un hábito en tu vida que consideres te provoca algún tipo de dificultad. De manera ideal, debería ser un asunto puramente conductual, y no uno que tenga un componente químico, como fumar o tomar. Ponte el desafío de dejar la conducta durante veintiún días. Al final de los veintiún días, tu dependencia hacia esa conducta habrá desaparecido junto con las conexiones neurales que la apoyan.

Redefine la creatividad

En primer lugar, toda persona es creativa. Algunas veces sólo damos el crédito de ser creativos a músicos, actores y otros artistas. Esto es muy desafortunado porque la creatividad es un don dado a todo ser humano, no sólo a unas cuantas personas talentosas. De hecho, todo el tiempo estás creando, seas consciente de ello o no.

Es maravilloso crear hermosas pinturas o poemas inspiradores, pero la verdadera creatividad consiste en algo mucho más relevante. Lo más importante que creas es tu vida misma. Es fundamental que te empoderes para crear la vida que deseas. Muchas personas ignoran su genio creativo y transfieren la creación de su vida a otras personas. En lugar de crear de manera deliberada la vida que desearían vivir, simplemente siguen las expectativas de la sociedad, de la familia o de alguna otra influencia.

Deberías preguntarte, "¿Qué deseo realmente?" Una vez que has encontrado una respuesta honesta y sincera a esa pregunta puedes comenzar a crear tu vida como consecuencia. No creas a nadie que te diga que no eres lo suficientemente bueno o que no mereces la vida que quieres. Puede haber obstáculos que vencer, pero con diligencia puedes crear cualquier cosa. Éste, pienso yo, es el verdadero significado de la creatividad.

Práctica El arquitecto de la felicidad

Imagina que tu vida es una mansión gigante con muchas habitaciones. Cada habitación representa un aspecto de tu vida: tu trabajo, tus relaciones, tus pasatiempos, etc. ¿Cómo se ve tu mansión de vida desde afuera? ¿Cómo se ve cada habitación? ¿En qué condiciones se encuentra la decoración y los muebles? Si quieres, dibuja tu casa en una hoja grande de papel.

Ahora, piensa en cómo te gustaría remodelar tu casa. Imagina claramente en tu mente la casa ideal, la cual representa tu vida perfecta.

Crea tu vida

"¿Qué es lo que realmente quiero?" es una de las preguntas más importantes que puedes hacerte. Suena muy simple, pero pocas personas llegan a contestarla con honestidad. Nuestro cerebro se enreda en cómo pensamos que deberíamos ser y cómo queremos que otras personas piensen de nosotros. Igualmente es difícil ver más allá de la superficie para ver nuestras propias motivaciones subyacentes para vivir.

Te animo a que te hagas esta pregunta con mucha sinceridad. Y luego pregúntate nuevamente. Trata de llegar realmente al núcleo de lo que quieres. Esto te liberará de estar atrapado en los detalles de lo que piensas que quieres, de modo que puedas alcanzar lo que realmente deseas.

Por ejemplo, quizá podrías responder la pregunta diciendo, entre otras cosas, "Quiero una carrera exitosa". Pero, ¿por qué quieres una carrera exitosa? Pueden existir múltiples razones. Tal vez desees sentir que has vivido una vida productiva; quizá quieres sentirte respetado o tal vez desees tener seguridad financiera. Ahora pregúntate por qué quieres tener estas cosas. Puedes descubrir que quieres encontrarle significado a la vida por medio de la productividad, o que te sientes amado cuando las personas te muestran respeto y cuando se te brinda una compensación adecuada por tu trabajo. Al final, puedes descubrir que todas las cosas y los logros que deseas pueden reducirse a pocos atributos específicos, como amor o libertad.

Saber lo que realmente deseas te dará más opciones en tu búsqueda para alcanzar la realización porque puedes liberarte de la noción de que los detalles específicos deben estar en su lugar para que alcances la felicidad.

A medida que crees tu vida, recuerda mirar el bosque, y no los árboles. Si te quedas atorado en los detalles, esperando que se cumplan antes de ir hacia tus sueños, probablemente jamás avanzarás verdaderamente.

Práctica La base del deseo

Haz una lista de todo lo que actualmente deseas en tu vida, desde objetos tangibles, hasta matices para el cambio en tus relaciones actuales. Reduce todas estas cosas a las emociones que subyacen a estos deseos. Ponte a pensar en las diversas formas en las que podrías lograr estas mismas cosas de maneras distintas a las que actualmente estás llevando a cabo.

Capítulo 3

Limpiar el ático

Las emociones son la esencia de la vida. Sin ellas, ¿qué chiste tendría la vida? Es difícil imaginar la vida sin la risa, la emoción, las lágrimas o el dolor. Difícilmente sería vida. Cuando miras con detenimiento resulta claro que la mayoría de las decisiones que tomamos finalmente las tomamos por razones emocionales. Queremos buenas relaciones para sentirnos amados, éxito para sentirnos respetados y dinero para sentirnos seguros.

Pero, ¿qué ocurre cuando las emociones te llevan a tomar decisiones que lamentas? ¿Y qué pasa si algún recuerdo emocional negativo te atrapa tanto que ya no disfrutas plenamente tu vida? Darte cuenta de que todas las emociones proceden del cerebro y que puedes usar tu cerebro como tú quieras, es la lección del siguiente paso, **renovación cerebral**.

Mira hacia dentro

Cuando vemos los problemas que existen en nuestra vida, tendemos a ver hacia fuera. Por ejemplo, cuando catalogas tus dificultades puedes decir "Mis compañeros de trabajo no me apoyan, y mi esposo no me entiende". Esta clase de cosas pueden ser ciertas, pero hay muy poco que puedas hacer al respecto. Tratar de hacer que tus compañeros de trabajo te brinden más apoyo y tratar de forzar a tu esposo para que te entienda probablemente sólo hará que las cosas empeoren.

La mayoría de las personas hace lo mismo con sus emociones: miran hacia fuera para encontrar la fuente. Aunque sepas que de hecho la emoción procede de tu cerebro, probablemente dices "Esto me hace feliz" y "Aquello me enoja". En realidad, nada te hace feliz o te hace enojar. Todas las emociones vienen de tu interior. La forma como reaccionas emocionalmente depende plenamente de la serie de conceptos preconcebidos y expectativas que existen dentro de ti. Aunque puedas tener empatía con otras personas y ellas contigo, al final tu experiencia emocional es completamente exclusiva para ti.

Por ejemplo, imagina que dos conductores toman la misma carretera el mismo día para regresar a casa después de unas vacaciones. Ambos han manejado durante diez años y tienen excelentes registros de manejo. Uno de los conductores dice "¡Ese camino me puso muy nervioso!" pero el otro dice "¡Las curvas de esa carretera me emocionaron mucho!" ¿Cuál es realmente la diferencia entre sus dos experiencias? ¿Acaso la carretera hizo algo para que uno de los conductores se sintiera confiado y el otro nervioso? Por supuesto que no.

La diferencia existe en el mundo interno de cada conductor, en la confianza en sí mismo y en su expectativa interna. Algunos comentarios más exactos sobre la carretera pudieron haber sido, "Me puse nervioso cuando manejé por ese camino" y "Tomé la carretera como un desafío positivo." Ésta es la misma clase de elección que enfrentamos en todas nuestras reacciones emocionales.

Cuando buscamos fuera de nosotros la fuente de nuestras emociones, entregamos una gran cantidad de poder personal. Al mirar hacia dentro podemos concentrarnos en las cosas que verdaderamente podemos cambiar en una situación determinada: la parte a la que hemos contribuido. Aún si alguien más es responsable del 99 % de un determinado problema, el 1 % sobre el que tú tienes control es la única parte sobre la cual puedes influir.

Práctica Voltearlo al revés

¿Existen condiciones en tu vida que no te gustan, pero que jamás parecen cambiar, sin importar cuánto trates de hacerlo? Abandona tus intentos por cambiarlas. Mejor, ve cómo puedes cambiar tú en relación con el problema. Es cierto, existen diversas situaciones verdaderamente intolerables. En el peor de los escenarios puedes decidir en tu interior hacer a un lado la situación por completo. Muy probablemente incluso los cambios pequeños que vienen de tu interior transformarán la situación. Esto puede modificar la manera como te comunicas con otros y te ayudará a reformular tus métodos para enfrentar los problemas.

Deshazte de la basura

¿Dejarías que tu basura se acumulara semana tras semana y año tras año? Probablemente no. Sabes que es dañino para tu salud, desagradable y sencillamente innecesario.

No obstante, las personas hacen justo eso con sus emociones todo el tiempo: aunque sea dañino, desagradable y totalmente innecesario. Se aferran a recuerdos emocionales negativos de ayer, del mes pasado e incluso de hace varios años. Con frecuencia permiten que estas memorias coloreen su experiencia del presente, permitiendo que se vuelvan parte de cómo se definen a sí mismas.

Si te descubres apegándote a ciertas emociones negativas, quizá tienes la esperanza de una resolución que jamás llegará. Tal vez esperas que esos niños malos que te insultaban finalmente entiendan o que tu ex te dé las disculpas que mereces. Esto podría ser agradable si sucediera, pero finalmente está fuera de tu control. Depende de esas personas, no de ti.

Las investigaciones han mostrado que las emociones negativas literalmente hacen que se contraiga la masa general del cerebro e interfieren con la memoria y el aprendizaje. Así pues, desarrolla el hábito de liberar emociones tan pronto como ya no te sean útiles. Tu cerebro estará mucho más feliz.

Práctica Exhalar las emociones

Si descubres que te estás quedando en una emoción en particular, trata de utilizar la respiración para dejarla ir y reemplazarla deliberadamente con otra más positiva. Comienza siguiendo los pasos de la respiración con el vientre, que está en la página 34. Visualiza la emoción como parte de la tensión de tu cuerpo. Puedes verla como una nube oscura en tu interior. A medida que inhalas, imagina que una luz intensa penetra esa oscuridad, de la forma como la luz del sol atraviesa una nube oscura. Mientras exhalas, los vapores tóxicos de las nubes se expelen de tu cuerpo. Sonríe amablemente con cada exhalación, permitiendo que la luz venza a la oscuridad.

Dota de poder a tu sonrisa

Si quieres ser feliz deja de esperar que otros te hagan feliz. Simplemente decide ser feliz. Si tu vida parece demasiado monótona, sonríe de todas formas.

Esto puede parecer un optimismo sin sentido al principio, pero es algo muy arraigado en la realidad fisiológica de tu cerebro. Cuando sonríes, aun si se trata de una sonrisa forzada, los químicos asociados con la felicidad se liberan en el cerebro. Además, la sonrisa es contagiosa. Muy pocas personas pueden resistir la necesidad de sonreír recíprocamente cuando les sonríes.

Aunque la sonrisa es maravillosa, la risa lo es aún más. El viejo dicho "La risa es la mejor medicina" es literalmente cierto. La risa estimula el sistema inmunológico y reduce la respuesta frente al estrés, y por ello es excelente para la salud cerebral. Además, al parecer, la buena actitud y una buena dosis de interacción social positiva reducen el riesgo de demencia y otras enfermedades cerebrales relacionadas con el envejecimiento. Parece ser que un cerebro feliz es un cerebro sano.

Práctica Dale a la sonrisa un lugar en tu vida

¿Alguna vez has sentido que eres la persona más detestable de todo el universo? ¿Descubres que eres un tanto impaciente con las personas que te rodean? Quizá pierdes los estribos cuando alguien se te cierra en el tráfico, o tal vez tú contestas bruscamente al operador de mercadeo que te llama durante la cena. Este tipo de reacciones son verdaderamente un desperdicio de tu energía, porque no hacen nada para cambiar la situación y sí socavan tu bienestar personal. Por eso, mejor prueba sonreír. Incluso ríe mucho para ti mismo. Pronto romperás tus reacciones habituales y te sentirás mucho mejor en tu interior.

Utiliza tu reserva emocional

La necesidad de controlar de tus emociones no significa que las emociones sean malas. Las emociones son un tanto parecidas a los caballos salvajes. Un caballo que tiene las riendas sueltas está fuera de control y es poco útil para un jinete. Pero un caballo que está bajo control es útil y además un gran compañero. Lo importante es que domines tus emociones sin que dejes que ellas te dominen a ti.

Las emociones, como un caballo salvaje, pueden ser bastante imponentes y difíciles de controlar. El punto no es eliminar las emociones, aunque sean de una cierta forma malas, sino obtener el control de tu cerebro usando las emociones en una forma positiva y enriquecedora. Si las utilizas de la manera apropiada, las emociones pueden volverse un manantial de energía para tu vida.

Quizá piensas que ya tienes control pleno de tus emociones. Después de todo no tienes explosiones emocionales y eres bueno para esconderlas. Esto, sin embargo, se parece más a dejar que el caballo esté solo en el granero. No significa que tengas tus emociones bajo control.

Las emociones son un producto muy poderoso del cerebro y sería una vergüenza desperdiciar su potencial.

El mejor uso para las emociones consiste en redirigir su energía de una manera constructiva. Por ejemplo, obviamente no es recomendable actuar a partir del enojo gritando o golpeando. Tampoco es apropiado simplemente enterrar el enojo en tu interior cuando te está carcomiendo la salud y la confianza.

En vez de ello, toma una decisión consciente de reciclar esa energía emocional en una forma constructiva. Deja ir la necesidad de mostrar a otros tus emociones, de mostrarles que estás enojado o triste o celoso. Mejor, pregúntate "¿Cómo puedo utilizar esta reserva emocional?" Y luego observa cómo tu enojo se convierte en motivación, cómo tus celos se convierten en una atención mayor, y tu tristeza, en compasión.

Práctica Refuerzo positivo

Quizá te resulte difícil al principio redirigir tus emociones en una dirección positiva. Puedes darte cuenta de que regresas a la emoción destructiva, aún después de haber tomado la decisión de cambiar. Recuerda, no obstante, que es sólo un hábito del cerebro lo que te mantiene regresando a ese punto. Como ocurre con cualquier hábito, te tomará tiempo y práctica romperlo.

Para mantenerte en el canal positivo, encuentra una forma de recordarte la acción constructiva que reemplazará la emoción negativa. Por ejemplo, quizá quieras conseguir una piedra pequeña y escribir una palabra inspiradora en ella. O ponte un anillo que te recuerde la promesa que te hiciste a ti mismo. Cada vez que la veas tu mente será redirigida en una dirección más positiva.

Ten en la mira la nada

La mejor forma de volverse más creativo consiste en no crear nada. Con esto quiero decir que deberías regresar al punto cero. Despójate de todos los bloqueos mentales y emocionales que te evitan manifestar tu pleno potencial creativo. Se trata de conceptos preconcebidos y recuerdos emocionales que no te permiten vivir tus sueños en plenitud.

Irónicamente, es tu ego el que te impide crear lo que verdaderamente deseas. Tu ego te dice "Soy esto" o "Debería ser aquello", lo cual con frecuencia es un obstáculo para hacer lo que realmente quieres hacer. Por ejemplo, quizá siempre has querido aprender a cantar bien, pero tu ego dice "No tengo talento musical" o "Probablemente voy a pasar vergüenza si canto". Estos pensamientos por lo regular tienen sus raíces en tus experiencias pasadas, momentos en los que alguien te lastimó o te desanimó de alguna forma. Para desafiar aún más tu mente, trata de dejar ir estos viejos recuerdos y limitaciones autoimpuestas.

El verdadero ingenio no consiste en retener una gran cantidad de información y desempeñarse bien en exámenes de inteligencia, sino en ser capaz de usar dicha información en formas únicas. Cualquiera puede ser un genio en alguna forma porque todo mundo posee capacidad creativa. Pero debes creer que tienes un potencial ilimitado para poder manifestar tu ingenio de manera plena. Repite para ti todos los días "Soy un genio" y créelo. Cuando se forme ese pensamiento completa y honestamente en tu mente, descubrirás que la creatividad comienza a fluir naturalmente desde tu cerebro.

Así pues, para volverte más creativo comienza a observar las conversaciones internas que tienes contigo mismo. ¿Cómo te limita y constriñe el pensamiento que actualmente tienes de ti mismo? ¿Cómo te impide hacer lo que realmente deseas hacer? ¿Qué patrones emocionales te impiden ir tras tus sueños?

Dejar ir las ilusiones respecto a cómo ser creativo. Muchas personas creen que los grandes genios tienen una idea que sale de la nada un día, y todo lo que tienen que hacer es aferrarse a esa idea y ponerla en acción. No es así. Antes de poder emprender el vuelo, los hermanos Wright pasaron por cientos de experimentos. Tan sólo en lo que se refiere a las alas, probaron más de doscientas variantes.

Sé paciente al dejar que tu creatividad florezca. El momento en que recibes un chispazo de inspiración viene cuando el conocimiento, la experiencia y las ideas se conjuntan; es el momento en el cual el cerebro los conecta. Es crucial saber que hasta que se prenda el foco en el cerebro debe haber planeación constante, una voluntad determinada y muchas pruebas y errores.

El punto más importante es hacer algo. Si tienes una buena idea, debes actuar conforme a ella o no servirá de nada. Cuando llevas a cabo una idea, vienen nuevas ideas a ti. A medida que repitas este ciclo encontrarás soluciones a tus problemas y serás más creativo. La creatividad no es resultado del azar y de la suerte. La creatividad ocurre a través de la concentración, la determinación y la pasión.

Práctica Ve las cosas al desnudo

Sal a caminar al aire libre y observa cuidadosamente algo, quizá un árbol o un buzón de correo, cualquier objeto puede servir. Trata de observar ese objeto tal y como es, sin ninguna interpretación de la mente: sin juicios, categorizaciones o asociación emocional. Será imposible, en verdad. Como eres un humano que ha vivido una cierta cantidad de tiempo en este planeta, estás destinado a tener numerosas asociaciones y juicios sobre el mundo que te rodea. Puedes pensar "Ese árbol es hermoso", o "Ese buzón de correo pertenece a la familia Smith". Ninguna de estas cosas es intrínseca al objeto en sí; fueron colocadas en la experiencia según fue filtrada a través del contenido de tu cerebro. Sigue practicando separar la experiencia real de un objeto de la experiencia alterada, y descubrirás, al menos durante unos breves instantes, la experiencia sin adulterar. Ése es el punto cero.

Capítulo 4

Conecta los puntos

En los capítulos anteriores debiste alcanzar una medida de control sobre las partes más primitivas de tu cerebro. Al disminuir la respuesta frente al estrés, por ejemplo, has adquirido una influencia sobre el funcionamiento básico del tallo cerebral y la regulación de los latidos del corazón, la respiración, etc. El sistema límbico está también ahora más alineado con tus ideales y aspiraciones a medida que aprendes a controlar y escoger tus emociones.

Ha llegado el momento de unificar las distintas partes de tu cerebro a través de la corteza cerebral, la parte pensante y racional de nuestro cerebro. Este paso es la **integración cerebral**, el punto en el que estás listo para redefinirte y recrear tu vida de acuerdo con tus sueños.

Busca realizarte

El profesor Joseph Campbell solía dar a sus estudiantes este sencillo consejo para la vida: "Ve tras lo que te hace feliz". Éste es un muy buen consejo. El truco consiste en reconocer la diferencia entre la verdadera felicidad y la simple emoción. La verdadera felicidad es perdurable, mientras que la emoción tenderá a disiparse cuando la luna de miel se acabe. Trata de encontrar eso que te da felicidad de una forma pura y continua. La felicidad no sólo es buena para el cerebro, sino que enfocarte en alcanzarla requerirá que constantemente agilices el uso de tu cerebro.

Al final, para ello necesitarás una acción conectada con tus valores fundamentales más preciados. La mayoría de las personas quieren dejar el mundo en mejores condiciones de como lo encontraron, contribuir de alguna manera. Puedes comenzar preguntándote "¿qué necesita realmente el mundo para hacer de él un mejor lugar?". Tu respuesta reflejará tus valores y creencias básicas. Ayudar a proporcionar precisamente eso probablemente se relacione con tu llamado ulterior en la vida.

El hecho de elegir tu propósito de vida apropiadamente, no significa que tu vida estará libre de luchas.

En todo caso invitarás a las dificultades porque eso significará tomar un sendero en la vida menos seguro, menos claramente establecido. Como los héroes de las épicas antiguas, decides ser puesto a prueba una y otra y otra vez. Una vida sencilla, por supuesto, no es lo mismo que una vida satisfactoria, y los desafíos son el alimento de un cerebro vivo.

Si observas el mundo que te rodea verás que existen dos direcciones que puede tomar la vida. Las cosas vivas pueden crecer o morir. Tu cuerpo está destinado a morir un día, pero si eliges un sendero que te rete a refinar y desarrollar continuamente tu mente y tu espíritu, te brindarás una vida de crecimiento y realización.

Práctica Lo que el mundo necesita en este momento

En una hoja de papel escribe una lista con los valores y atributos que se necesitan desesperadamente en el mundo. ¿Hasta qué punto estás actualmente ayudando a proporcionarlos? ¿Hay algo más que puedas hacer para dárselo?

Escoge tu identidad

Las personas tienden a pensar que nacen con su identidad como si estuviera escrita en su código genético desde la concepción. En realidad, la identidad es un constructo mental. Tu identidad se inventa en tu cabeza, o la adoptas a partir de otras personas que la inventaron para ti. Romper esta ilusión de la identidad puede ser una de las cosas más importantes que puedes hacer en la búsqueda para convertirte en el verdadero maestro de tu cerebro.

Cuando eras un niño pequeño, quizá tenías una imagen más clara de quién querías ser. Simplemente querías ser uno de los chicos buenos que era agradable a los demás y hacía algo útil con su vida. Pero conforme fuiste creciendo y experimentaste la vida, agregaste más capas sobre esa identidad deseada. Éstas son las formas como escoges presentarte ante otros y la manera como eliges definir quién eres frente a ti mismo. Aceptaste de tu medio ambiente muchos conceptos sobre quién eres porque querías ser amado y aceptado. Cuando te convertiste en adulto agregaste capas adicionales inventadas por ti porque querías presentar tu mejor cara ante tus compañeros y ante la sociedad en su conjunto.

Aunque muchas de estas capas nos ayudan a funcionar en la sociedad y nos dan un punto de referencia a partir del cual podemos calcular nuestro lugar en el mundo, también pueden impedirnos logar ser lo que realmente queremos ser.

Para comenzar a arrancar estas capas siempre pregunta cómo y por qué creaste un concepto particular sobre ti. Si dices "no soy bueno para las matemáticas" o "soy una persona tímida", pregúntate por qué adoptaste esta identidad. Descubrirás que muchas de estas identidades se relacionan con recuerdos emocionales que pueden o no estar sirviéndote bien. Puedes decidir los que son benéficos para ti y desechar los que no lo son.

Aunque puede ser cierto que algunas tendencias están genéticamente predeterminadas en nuestro cerebro, depende de ti si sigues o no tu biología básica. Entre más tomes control de lo que eres y de aquello en lo que te convertirás, más satisfecho y confiado te sentirás en tu interior.

Práctica Identidad corporal

Todas las organizaciones y corporaciones tienen lemas: "Sé todo lo que puedes ser", "Simplemente hazlo". Los mejores son sencillos, concisos, y dicen mucho sobre las entidades que representan. Dicen mucho de la forma como las compañías ven a sus clientes y mucho acerca de cómo desean que el mundo exterior se relacione con ellas. Así pues, ¿por qué no escribir un lema para ti? Enfocará tu cerebro en lo que realmente deseas ser y quizá te ayude a vivir conforme a ese ideal.

Establece una meta elevada

En Oriente tenemos un dicho "Donde va la mente, ahí va la energía". Puedes ver que esto es cierto prácticamente en todas las actividades humanas. Todo logro humano, desde la maravilla arquitectónica más magnífica, hasta el instrumento tecnológico más sorprendente, primero surgió como una idea dentro del cerebro de alguien. Después de ese pensamiento inicial, esa persona o un grupo de personas tuvo que enfocar continuamente su energía mental y física para trasladar dicha idea a la forma física. Si no lo hubieran hecho, habría permanecido simplemente como un pensamiento que pasó por el cerebro de una persona sin consecuencia alguna.

Para alcanzar tus metas necesitas la misma clase de voluntad y determinación que construyó las Siete Maravillas del Mundo. Los grandes constructores, pensadores y artistas del mundo no se contentaron con pensar en pequeño, y tú tampoco deberías hacerlo.

No deberías tener miedo de establecer las metas de tu vida en un punto muy alto. Tu visión de quién quieres ser en este mundo debería llenarte con un sentido de alegría profunda. No bases tus metas meramente en lo que consideras seguro, o en lo que otras personas aprueban o admiran. Cuando imagines tu futuro deberías ver la versión más elevada y sorprendente de ti que puedas concebir. Si mantienes esta visión muy cerca de tu corazón y trabajas hacia ella de forma continua, siempre te estarás moviendo hacia delante y hacia arriba en tu vida.

Práctica Meditación para la visión

La meditación y la oración son elementos muy similares. Ambos consisten en energía mental muy concentrada. En el caso de la meditación puede no haber otro objetivo más que el de vaciar la mente, mientras que la oración por lo regular involucra algún resultado externo deseado. Sin embargo, la meditación también puede tener un objetivo, y esta clase de meditación puede resultar más provechosa para quien la practica como un medio para limpiar el desorden innecesario de la mente.

Siéntate en una silla cómoda que tenga un respaldo relativamente recto. Procura que tu espalda esté cómoda, pero mantenla tan recta como te sea posible. También mantén tus piernas cómodas; usa un banquito si tus pies no tocan fácilmente el piso. Respira profundamente y relaja tu cuerpo por completo. Recuerda, en un estado meditativo estás plenamente consciente, pero relajado, como cuando estás dormido.

Tómate varios minutos para asegurarte de que estás completamente relajado, pero no adormilado. Ahora lánzate en un viaje imaginario a tu futuro, visualizando cada año restante de tu vida, hasta que te veas en tu forma más elevada.

Plan para el éxito

Algunas veces se dice que una persona alcanza el éxito de la noche a la mañana, pero esto siempre resulta inexacto. Puede parecer desde afuera que algo grande se logró de manera instantánea, pero eso es debido a que el trabajo arduo que está detrás de escena con frecuencia no resulta evidente.

Para alcanzar algo necesitas tener un plan claro que te lleve a ese punto, y debes tener la paciencia de llevarlo a la práctica. Como dice el viejo adagio "Un viaje de mil kilómetros comienza con un solo paso". Para lograr algo debes estar dispuesto a dar cada paso, uno a la vez.

El truco consiste en disfrutar el momento presente al tiempo que mantienes la vista en el futuro. Si tu mente está demasiado ocupada con la imagen gloriosa que ves en el futuro, no podrás enfocarte en tus problemas y desafíos presentes y te costará trabajo superarlos.

En realidad, no es en tu visión mayor en lo que realmente deberías estar trabajando en este momento. Más bien, deberías trabajar en los pasos que te llevan a ese sueño. Toma estos pasos como minivisiones y alégrate por tus pequeños éxitos. Antes de que te des cuenta, todos tus pequeños pasos se habrán acumulado para tu hermoso viaje.

Práctica PHVA (Planifica, Haz, Verifica, Actúa)

Edward Deming creó en los años cincuenta del siglo pasado el método PHVA para ayudar a las compañías a mejorar la satisfacción de los clientes. También puede aplicarse al logro de tus metas personales si las descompones en pasos realistas y manejables. Además te brinda una forma de medir tu progreso.

Es mejor comenzar el proceso de planeación PHVA con el resultado final en mente. A partir de ahí, trabaja hacia atrás en el tiempo para crear un plan factible, paso a paso, para tu crecimiento. ¿Qué te gustaría alcanzar en el próximo año? ¿Qué puedes hacer en un mes para que tu vida se acerque a tus sueños?

Una vez que has reducido tu visión a una meta de un año muy específica y alcanzable, puedes seguir descomponiéndola en más pasos PHVA mensuales, semanales y diarios. Éste es tu P, tu plan. Luego por supuesto, debes hacer (H). Después de eso, verifica (V) para ver si tu plan realmente te está acercando a tu meta. Luego, después de revisar tu plan, actúa (A) una vez más, repitiendo continuamente el proceso PHVA.

Sé fiel

Una vez que te ha quedado clara tu nueva identidad, debes trabajar de forma diligente para mantenerte fiel a ella. Es más fácil decirlo que hacerlo. Puede haber muchas fuerzas en juego que querrán redefinir tu nueva identidad.

Algunas de esas fuerzas vienen de fuera de nosotros. Puede haber muchas personas que hayan invertido en que actúes y pienses de la manera como mejor les acomoda a ellas. Por supuesto, si te dejas llevar por esas fuerzas, no estarás manejando tu propio cerebro en lo absoluto. Estarás dejando que alguien más lo maneje por ti.

El oponente más terrible a tu verdadera identidad, sin embargo, puede venir de tu interior. Lo llamamos tu ego. Tu ego no es algo malo en sí mismo; está ahí para asegurar tu felicidad física en la vida. Pero tu ego no quiere que tomes un sendero inusual porque es menos cómodo. Desde el punto de vista de tu ego, es mucho mejor que tomes una ruta cierta en la vida, que garantice la seguridad básica y el estatus dentro de la sociedad. Para evitar los escollos del ego, trata de reconocer cuándo tu necesidad de controlar, de reconocimiento o de seguridad te está dominando.

Práctica El ritual del auto-reflejo

Para seguir siendo fiel a ti mismo debes lograr tener el hábito de reflexionar en las decisiones que has tomado. Es muy difícil de hacer en medio de la vorágine de la vida, así que resulta mejor encontrar un momento de tranquilidad para llevarlo a cabo de forma regular, quizá temprano por la mañana o justo antes de irte a dormir. Esto puede realizarse como una contemplación calmada y meditativa o escribiendo un diario. A medida que reflexiones sobre tu día, examina cada momento que puedas recordar, relacionado con tu identidad más elevada, preguntándote si tu conducta está en sintonía con tus ideales y te está llevando a crecer para convertirte en la persona que realmente quieres ser.

Capítulo 5

Mira el panorama general

Una vez que has comenzado a tomar control sobre el funcionamiento interno de tu cerebro, es momento de volcar hacia fuera su poder una vez más. En pocas palabras, es momento de actuar. Por medio de la acción pondrás a prueba todo lo que has aprendido en los cuatro pasos previos y vas a perfeccionar y fortalecer su efectividad. Es el momento de construir la vida de tus sueños a través del **dominio cerebral**.

Considera los obstáculos como bendiciones

No importa cuán entusiasta y confiado seas en cuanto al logro de tus sueños, surgirán dificultades. Para muchas personas estos obstáculos desvían sus sueños. De alguna forma han desarrollado una idea de cuento de hadas sobre cómo debería desarrollarse su vida. Piensan que si algo ha de ocurrir lo hará de forma automática.

De hecho, así no es la vida en lo más mínimo. Simplemente ve a tu alrededor y observa el mundo natural. Todo está empujando y esforzándose por avanzar. Todas las cosas hermosas de este planeta surgieron como resultado de muchos años, algunas veces millones de años, de sufrimiento y esfuerzo. De hecho, para nosotros los humanos modernos es muy fácil, pues podemos llevar a cabo mucho en un periodo muy corto, al tiempo que vivimos en una seguridad y comodidad relativas.

¿Alguna vez has visto una flor de diente de león que sale por una grieta en el concreto? Necesitas adoptar la misma mentalidad si realmente deseas florecer en esta vida.

Práctica Cuenta tus otras bendiciones

Probablemente te han dicho en algún momento de tu vida que cuentes tus bendiciones. No obstante, ¿te has puesto a pensar que todo en tu vida es una bendición? Piensa en un periodo difícil que hayas superado o en un obstáculo enorme que hayas vencido. Reflexiona en cómo ese evento, al final, resultó ser una bendición para ti.

Ve más allá de tus límites

Es absolutamente cierto que tienes limitaciones, pero también es verdad que eres ilimitado. Si eso parece contradictorio, piensa en tus limitaciones no como muros de ladrillo, sino como estructuras suaves y plásticas. Sí, te hacen disminuir el paso e incluso te detienen por un tiempo, pero pueden ser infinitamente empujadas y estiradas hasta que prácticamente ya no son visibles.

Cuando te enfrentes con tus propias limitaciones no intentes brincarlas. Este enfoque probablemente sólo te provocará dificultades. Mejor, sé muy honesto y realista con respecto a lo que son, y trata de ir un poco más allá de ellas cada vez que las enfrentes.

Digamos, por ejemplo, que siempre has querido ser médico. En la universidad, sin embargo, rehuiste al propedéutico de medicina porque te fue muy mal en tu clase de química de preparatoria, y le tienes terror a las clases de química que forman parte del plan de estudios del propedéutico. En este caso, tu miedo a las clases de química y tu falta de comprensión del tema constituyen las limitaciones inventadas por tu cerebro.

¿Debió hacerte abandonar tu sueño esa limitación? Por supuesto que no. Sin embargo, éste es el tipo de cosas que desvían los sueños de la gente. Si lo que realmente querías era ser doctor, entonces nada más va a satisfacerte, y debes seguir ese sueño. Pon tu mente en esa meta, y da la bienvenida a los desafíos que vengan.

Como dice el viejo dicho, "Donde hay voluntad, hay un camino". En términos de manejo del cerebro esto significa encontrar el camino donde tu cerebro pueda hacer algo. Muy bien, así que tu cerebro no entendía muy bien la química de la manera como te la enseñaron en la preparatoria. ¿Y eso qué? Encuentra la forma en la que tu cerebro pueda aprenderla. Prueba tener maestros, prueba algunos apoyos didácticos, haz cualquier cosa, menos darte por vencido. Al final, tu cerebro encontrará el método apropiado, y en ese punto habrás estirado tus limitaciones tan lejos que habrás pasado por encima de ellas.

Práctica Eleva tu confianza

El acondicionamiento físico es una buena forma de adquirir práctica para superar limitaciones pasadas. Las limitaciones del cuerpo están claramente definidas, y es evidente cuando tenemos que vencerlas. Las sentadillas son un buen ejemplo. Al principio, probablemente sólo puedas hacer unas cuantas. Prométete que vas a aumentar al menos una sentadilla todos los días. Ponte la meta de hacer cien sentadillas sin parar.

Con diligencia alcanzarás esta meta muy rápidamente, y sentarás precedentes de éxito para todas las áreas de tu vida.

Desarrolla un temperamento refinado

A medida que avanzas hacia tu meta recuerda que nadie va a servirte el éxito en charola de plata. Sólo vendrá a través de un trabajo arduo y diligente y del refinamiento continuo de tu carácter. Todo esto, en un cierto sentido, es más importante que alcanzar la meta en sí.

Un diamante es sólo un trozo de carbón hasta que se convierte en un diamante a través de la presión constante. Tú también puedes ser transformado por las presiones que enfrentas. En lugar de desanimarte o permitir que te destruyan, deja que te moldeen y te conviertan en un ser humano más fuerte y más refinado. Como un diamante, puedes lograr una durabilidad sorprendente al tiempo que sigues siendo puro.

De hecho, la verdadera grandeza en la vida es realmente una cuestión de carácter. Muchas personas han logrado fama y fortuna en algún aspecto. Pero, ¿qué es lo que hace a una persona verdaderamente grande? ¿Qué hace que un Mahatma Gandhi o un Martin Luther King Jr. sobresalgan de entre las personas? Si miras con detenimiento verás que la única diferencia significativa radica en el carácter. En el nivel corporal no fueron diferentes a las personas comunes. Estaban compuestos de carne y huesos ordinarios, y no poseían ningún superpoder especial. Incluso su cerebro era un cerebro normal. Sin embargo, utilizaron su cerebro con un increíble nivel de convicción pura que transformó su carácter más allá del plano ordinario de la existencia humana.

Para utilizar tu cerebro a su máximo potencial debes desarrollar un nivel similar de convicción con respecto a aquello con lo que quieres contribuir al mundo. Entonces, como un diamante cortado que brilla desde cualquier ángulo, irradiarás luz pura a todos aquellos con los que te encuentres.

Práctica Supermodelos cerebrales

Hasta las personas adultas necesitan modelos a los cuales admirar. Son otra forma en la que podemos ayudar a enfocar nuestra mente hacia aquello en lo cual deseamos convertirnos. Si ves que necesitas desarrollar algún rasgo de carácter específico, elige alguna persona icónica que tú consideres que ejemplifica ese rasgo y úsala como modelo. Tu cerebro responderá bien ante esto porque el cerebro humano contiene miles de células espejo, las cuales te permiten aprender fácilmente con solo mirar a otras personas. Así que si necesitas más valentía, puedes enfocarte en Amelia Earhart. O si quieres ser más generoso con otros, aprende todo lo que puedas sobre la Madre Teresa. Puedes leer una biografía o ver un documental sobre esa persona. Deja que el héroe de tu vida se vuelva una metáfora a través de la cual vivas tu propia vida, y tu propia grandeza se encenderá dentro de tu cerebro.

Confía en tu cerebro

Sólo tú, y nadie más, puede borrar las limitaciones de tu cerebro. Si piensas "Estos son mis límites fijos", tu cerebro no tratará de ir más allá de esos límites. Tu cerebro sigue a tu mente, no al revés. Ésa es la razón por la cual debes desarrollar la confianza absoluta de que tu cerebro seguirá a tus deseos, creyendo que tiene el poder de ayudarte a ir más allá de cualquier limitación o dificultad. Tratar de alcanzar algo sustancial sin la confianza absoluta en tu cerebro es como manejar un auto con el freno de mano puesto y luego quejarte de no poder ir tan rápido como quieres.

Si se lo pides, tu cerebro puede hacer cosas que jamás ha hecho, incluso cosas de las que no tienes conciencia. Tu cerebro tiene el inmenso poder de encontrar y crear soluciones que no son inmediatamente evidentes. Sin embargo, la mayoría de las personas vive dentro de los límites de la vida que han experimentado y conocido. No saben lo que no han aprendido; no están interesados en temas que "no les incumben", y tienen miedo de tener logros fuera del ámbito de su propio conocimiento y experiencia. Estas personas no confían en que su cerebro puede comprender más allá de lo usual, y por eso su potencial continuamente se ve truncado.

Vivimos en una era de información, donde los datos y cifras están al alcance de un botón. La valía de una persona ya no puede estar determinada por la información que posee o no en su cerebro. Más bien, lo que realmente importa es la forma como se utiliza la información.

Para tener verdadera confianza en tu cerebro, ponte como meta salirte de tu esfera actual. En otras palabras, deja de buscar las mismas viejas respuestas en los mismos viejos lugares. No tengas miedo de hacerle a tu cerebro preguntas difíciles sobre la naturaleza de tu vida y su significado esencial. Exígele ir más allá de los parámetros comunes de pensamiento para encontrar soluciones nuevas y más eficaces y que las use para formar prioridades diferentes y más efectivas. Ésta es la clase de confianza que verdaderamente transformará tu vida.

Práctica Usos alternativos

Es importante adquirir el hábito de ver más allá de lo ordinario, incluso en las rutinas cotidianas de la vida. Para practicar esto, intenta mirar las cosas que te rodean de maneras distintas. Por ejemplo, observa todas las herramientas y utensilios que tienes en tu cocina. Tienes muchas cosas —espátulas, cuchillos, cacerolas y sartenes— todos ellos con usos específicos.

Para que tu cerebro tenga el hábito de ver más allá de lo ordinario, haz una lista en tu mente de todos los usos alternativos posibles. Por ejemplo, quizá un batidor de huevo podría ser usado para ayudar a arreglar flores o para rascar la espalda. Desafía a tu mente de esta manera, mientras miras a tu alrededor otros objetos que hay en tu casa.

Juega bien en equipo

Siempre recuerda que ningún cerebro está aislado. No puedes decir realmente que estás usando bien tu cerebro si no puedes aprender a utilizarlo en cooperación con otros cerebros. Afortunadamente, hacer esto no es tan difícil en realidad. Todo lo que tienes que hacer es jugar bien con los demás cerebros, tal y como aprendiste a hacerlo en el patio de juegos.

Parte de la razón por la que existe tanta violencia en el mundo se debe a que algunos de los cerebros más poderosos del mundo creen que deberían poder controlar la información que hay en otros cerebros. Por eso, muchas de las guerras y atrocidades de la historia se han justificado a través de la ideología y la religión.

Lo mismo ocurre en un nivel más personal. Esposos y esposas tratan de controlar el contenido del cerebro del otro; los padres juzgan el cerebro de sus hijos y los hijos juzgan el cerebro de sus padres; incluso los amigos discuten por las diferencias de opinión. Tus relaciones inevitablemente se desmoronarán si no puedes dejar de controlar la forma como opera el cerebro de otras personas. Puede parecer una forma rara de explicarlo, pero la mutua apreciación cerebral es la clave para la paz en todos los niveles.

Así que en lugar de intentar controlar los cerebros que te rodean, busca simplemente jugar limpio. En lugar de tratar de cambiar a otros, date cuenta de que sólo eres responsable de tu propio cerebro, y aprende a alegrarte por la maravillosa diversidad exhibida a través del cerebro humano.

Práctica La paz es posible

Es fundamental creer que es posible que la humanidad logre una forma de vida pacífica y sustentable. Muchas personas te dirán que es un sueño imposible que jamás se alcanzará. Pero debes resistirte a esa clase de pensamiento porque en tanto las personas piensen de esta forma las cosas seguirán siendo siempre igual. Si el grueso de la humanidad sigue creyendo que la naturaleza humana es básicamente egocentrista y que no hay forma de cambiar, entonces así serán exactamente las cosas. Lo más importante que puedes hacer por la Tierra es creer en el maravilloso poder transformador del cerebro humano y actuar en consecuencia.

Los cinco pasos del BEST (Sistema de Entrenamiento en Educación Cerebral, en español)

El Sistema de Entrenamiento en Educación Cerebral (BEST, por sus siglas en inglés) está diseñado para ser una forma sencilla y fácil de seguir con el fin de maximizar el potencial de tu cerebro, de modo que puedas vivir una vida saludable, feliz y pacífica. El sistema de entrenamiento está dividido en cinco pasos, cada uno de los cuales se edifica sobre la base de la efectividad del anterior. Por lo general, estos cinco pasos se practican en orden, a medida que vas progresando en los cinco programas BEST, pero requerirán una práctica continua. Muchos de los programas de entrenamiento utilizan diversos pasos de forma simultánea y no necesariamente han de completarse en orden. La vibración de ondas cerebrales, cuando se practica de manera consistente, puede fortalecer las cinco etapas.

Sensibilización cerebral

En el primer paso te haces sumamente consciente de tu cerebro y de su importancia en tu vida.

Mucha de la labor se lleva a cabo en el nivel físico, pues la conexión entre el cuerpo y el cerebro se fortalece en este punto. El yoga, el *tai chi*, el *chi gong* y las artes marciales son ejemplos de ejercicios mente-cuerpo utilizados para establecer la sensibilización cerebral. Cuando cada músculo de tu cuerpo se mueve y cada nervio se estimula, las áreas correspondientes del cerebro también despiertan. Como resultado, se mejora el equilibrio y la coordinación en tu cuerpo.

También se recomiendan en esta etapa la meditación básica y las técnicas de sensibilización energética, pues éstas te ayudarán a desarrollar una mejor concentración y una percepción exacerbada. Al aprender a ver la energía *chi* como la conexión entre el cuerpo y el cerebro, recibes el poder de comenzar a cambiar hábitos que afectan de forma negativa tu cuerpo y tu mente. El trabajo con la respiración también se utiliza para ayudar a restablecer el equilibrio energético al tiempo que libera el estrés y restaura la claridad mental.

Versatilización cerebral

Así como los músculos del cuerpo necesitan moverse y estirarse para hacerse más flexibles, de la misma forma ocurre con el cerebro. Este paso busca sacar plena ventaja de la neuroplasticidad, la capacidad del cerebro para ajustarse a nuevos ambientes y aprender nuevas cosas. Al desafiar a tu cerebro a que domine nuevas tareas, le ayudas a crear nuevas conexiones y una mayor capacidad para reconocer nuevos patrones de pensamiento y acción. En esencia, la meta de este paso consiste en crear un cerebro altamente adaptable que puede aprender rápida y fácilmente.

Este paso probablemente ejerza un efecto profundo en tu calidad de vida, pues aprenderás a romper patrones de conducta mentales y físicos al tiempo que creas hábitos nuevos y enriquecedores. Los malos hábitos pueden ser difíciles de eliminar debido a que, en algún grado, se arraigan en el cerebro por medio de la repetición, la cual solidifica las conexiones neurales relacionadas con la conducta. Afortunadamente, el cerebro jamás pierde la capacidad de restructurarse, y de este modo siempre pueden crearse nuevas conexiones y hábitos. En el nivel de entrenamiento más elevado, esto incluye la capacidad de cambiar prejuicios profundamente enraizados y conceptos previos para la creación de una vida mejor y más satisfactoria.

Renovación cerebral

De alguna forma este paso constituye un renacimiento del cerebro. A lo largo de tu vida has ex-

[cinco pasos de educación cerebral]

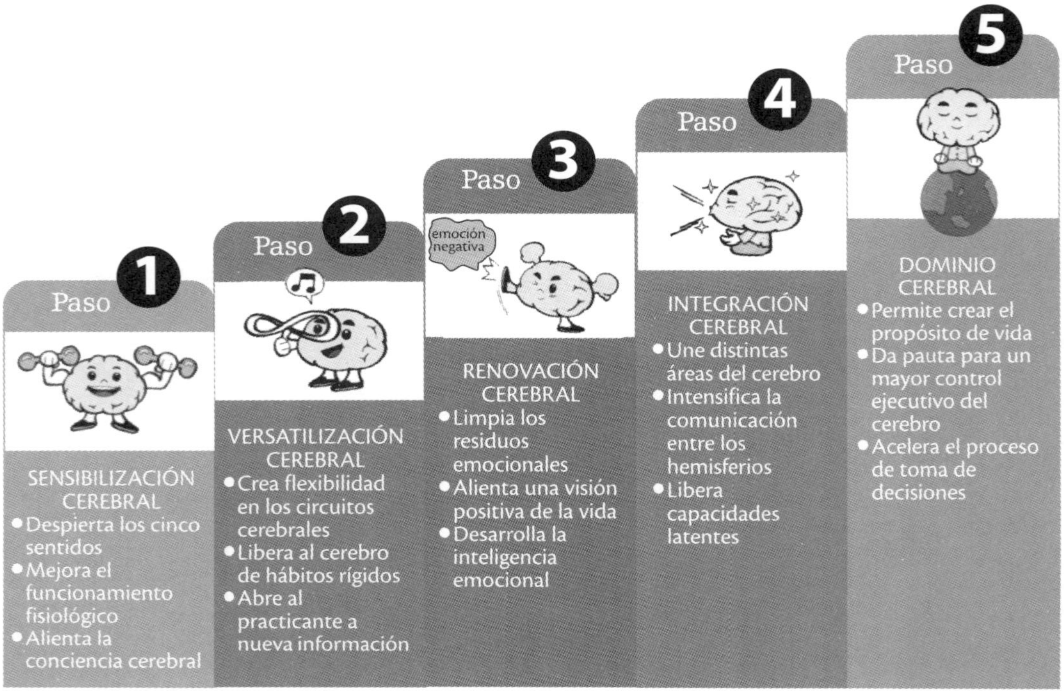

perimentado cosas que han tenido un efecto duradero en tu cerebro. Estas cosas persisten como una especie de residuo emocional que afecta tu vida. A partir de este residuo puedes haber creado los conceptos y los patrones negativos de pensamiento que te han impedido alcanzar tu potencial pleno. La intención de la renovación cerebral consiste en liberar y limpiar estos recuerdos gravosos para permitir la curación y la renovación.

A través de expresar y liberar antiguas emociones arraigadas en las experiencias traumáticas del pasado aprenderás a controlar el contenido de tu propia mente, en lugar de ser controlado por los caprichos de la variación emocional. Aprenderás a utilizar la energía de tu mente de una manera más concentrada e ininterrumpida.

Integración cerebral

Después de que hayas aprendido a vaciarte del equipaje emocional estarás listo para expandir tu conciencia y trascender los límites del ego, sintiendo la unidad de todas las cosas. Estarás listo para hacerte preguntas fundamentales sobre la vida con completa honestidad y sinceridad. Entonces aceptarás que entre información nueva y positiva al cerebro.

Como la identidad es la información nuclear que afecta tu vida, es de interés primario, y puedes crear una nueva identidad basada en tu recién descubierto propósito de vida. Una vez que estás plenamente integrado con esta nueva identidad, el potencial creativo se vuelve prácticamente ilimitado.

Esta etapa recibe el nombre de integración cerebral porque todas las capas del cerebro están trabajando en conjunto y el tallo cerebral se activa. Asimismo, los hemisferios izquierdo y derecho del cerebro comienzan a comunicarse mejor, y las partes dispares del cerebro comienzan a trabajar juntas en cooperación plena. Por medio de esta exploración profunda puedes descubrir la parte de ti que verdaderamente está destinada a dirigir tu cerebro.

Dominio cerebral

Ahora que has descubierto la vida que verdaderamente deseas vivir estás listo para crear un estilo de vida basado en las metas que se desarrollan por medio de la comprensión de ese propósito. Se trata de una búsqueda esencialmente espiritual porque requiere una atención continua y un desarrollo continuo de los aspectos más elevados de tu carácter. El dominio cerebral cultiva el hábito de una vida iluminada continua en oposición a breves y efímeros momentos de iluminación.

A través del proceso del dominio cerebral tu cerebro seguirá transformando y solidificando conexiones neurales que apoyan la creación de una vida verdaderamente feliz. De forma gradual, tu cerebro encontrará soluciones creativas y viables a los problemas básicos de la vida. Asimismo, serás más firme de manera natural y tu mente desarrollará el hábito de formar relaciones más pacíficas con otras personas y con el mundo como un todo.

BEST 5
Antecedentes filosóficos y científicos

Durante miles de años las personas han discutido sobre la verdadera naturaleza de la mente y su relación con el cuerpo. ¿Está la mente separada del cuerpo, o surge de algún lugar anatómicamente definible? ¿Son lo mismo la mente y el cerebro? Si la mente sólo es producto del órgano físico del cerebro, entonces ¿por qué las personas tienen la sensación de ser más que una mera máquina biológica?

Un encuentro incómodo de mentes

Muchas personas en el mundo occidental han optado ligeramente por la idea dualista de la escisión cartesiana, el concepto de que la mente y el cuerpo, aunque ejercen influencia uno sobre el otro, son entidades distintas con atributos diferentes. En el modelo de Descartes, el cerebro es el asiento de la inteligencia y la percepción, pero la mente misma es claramente distinta del cuerpo físico. Este modo de pensar sobre la mente y el cuerpo es típico de la mayor parte de las principales religiones (por ejemplo, la creencia de que el alma vive en el cuerpo) y puede remontarse a los antiguos escritos filosóficos de Platón y Aristóteles.

La comunidad científica moderna, sin embargo, no tan fácilmente acepta esta noción dualista. La tendencia natural de la mente científica es confiar en la evidencia disponible en el plano material, pues eso es lo que puede medirse y evaluarse. Esto ha llevado a una visión más mecánica del cerebro y la conducta, la cual considera al cerebro como el órgano corporal responsable de toda la percepción y experiencia humanas. Así pues, los neurocientíficos se enfocan principalmente en la mecánica de la función sináptica y en los detalles de la anatomía cerebral, y en su relación con los diversos procesos mentales. Este enfoque ha recibido el nombre de materialismo. Es un rechazo del dualismo, ya que los materialistas consideran que todos los fenómenos, incluyendo los procesos mentales, pueden reducirse a una actividad física.

El problema fácil y el problema difícil

No obstante, no a todos satisface una visión mecánica del cerebro. El filósofo David J. Chalmers ha dicho que los misterios de la conciencia humana producen dos problemas fundamentales: el problema "fácil" y el problema "difícil". El problema fácil incluye describir la fuente fisiológica de la conciencia: por ejemplo, señalar los lugares del cerebro relacionados con procesos cognitivos y diagramar los sustentos mecánicos del cerebro. La mayoría de los descubrimientos neurocientíficos contribuyen a resolver esta fácil cuestión.

El problema difícil, por otra parte, es más escurridizo. Pregunta "¿Por qué tenemos conciencia de nuestra conciencia, y cuál es la fuente última de esa conciencia?" Un científico materialista radical podría decir que no existe una pregunta difícil, que sólo existe la función mecánica/biológica, pero eso no ayuda a explicar la experiencia. Por ejemplo, es cierto que el color rojo se crea mediante una frecuencia particular del espectro electromagnético, pero nada en esa frecuencia puede explicar por qué experimentamos de forma subjetiva al rojo como rojo. Aún más, una visión puramente materialista del cerebro nos lleva a descartar la elección y el libre albedrío como ilusiones.

Perspectiva BEST

Al igual que los neurocientíficos materialistas, el método BEST asume que el entendimiento y el desarrollo del cerebro son fundamentales para mejorar la condición humana. Entrenar al cerebro es entrenar la mente; entender al cerebro es entender la mente. Sin embargo, en contraste con la visión puramente materialista, el BEST considera la elección como un determinante fundamental de la vida humana. La condición del cerebro puede influir en nuestras decisiones, pero a través de BEST también podemos tomar decisiones que mejoren nuestra actividad cerebral.

Además, la filosofía cerebral BEST considera que la ciencia es un buen siervo, pero un pobre maestro. BEST tiene sus raíces en el principio oriental del Tao, el cual supone que todas las cosas son una, y toda diferenciación es una ilusión. La filosofía taoísta anima a las personas a alinear sus pensamientos y acciones de modo que estén en armonía con toda la humanidad y la naturaleza. En contraste, el científico puro ve el universo en términos de aleatoriedad y leyes físicas impersonales. Esta visión nos lleva a la incómoda conclusión de que la vida misma no tiene un significado intrínseco, sino que es una competencia entre los genes egoístas para tener perpetuidad.

La fuente de inspiración

Recientemente se ha prestado mucha atención a identificar las áreas del cerebro asociadas con la experiencia mística o espiritual. Esto ha llevado a que algunas personas concluyan que la creencia en Dios y otros fenómenos espirituales está predeterminada en el cerebro. En otras palabras, piensan que el cerebro físico es la única realidad involucrada en la conciencia, y que el alma o el espíritu no tienen nada que ver con él. Al mirar esta misma información, los instructores de BEST han llegado a una conclusión muy distinta: el cerebro es un instrumento divino de interacción entre los reinos espiritual, físico y energético.

Estas preguntas sobre la naturaleza esencial de la experiencia humana son más que las pesadas interrogantes de la investigación científica y filosófica; son algunas de las preguntas más fundamentales de la vida misma. Por esa razón a los practicantes de BEST se les anima a preguntarse "¿Quién soy?".

Esta simple pregunta de identidad es la que puede finalmente llevar al estado definido en el pensamiento oriental como "iluminación" porque una persona que puede responder esa pregunta con honestidad y confianza es un individuo feliz y realizado. Los cinco programas BEST tienen como propósito ayudar a que las personas investiguen posibles respuestas a esta pregunta y a que definan para sí mismas su verdadera identidad: lo que realmente son y de qué se trata esta vida humana.

Oriente se encuentra con Occidente

Aunque tiene sus raíces en el pensamiento oriental antiguo, el programa BEST 5 busca audazmente integrar lo mejor tanto del pensamiento oriental como del occidental. No vemos contradicción en vivir la vida de acuerdo con los principios del Tao, al tiempo que valoramos y utilizamos los descubrimientos de las investigaciones científicas. Creemos que lo místico y lo racional, lo esotérico y lo científico, al final se juntan como uno solo.

Como filósofos del cerebro y educadores del cerebro, los instructores de BEST 5 no esperan que los rigores de la ciencia "prueben" la eficacia de ningún ejercicio en particular. El tiempo es corto, y la condición de la humanidad es grave. La intención de BEST consiste en traer una mayor salud, felicidad y paz a la humanidad en esta vida, y las experiencias de los practicantes de BEST siguen consolidando nuestra creencia en la profunda utilidad de estos métodos. BEST 5 es un método educativo con bases filosóficas que se perfeccionará continuamente a medida que nuestra experiencia y comprensión crezca y se profundice.

Haciendo a un lado los debates acerca de la naturaleza de la mente, los beneficios físicos más concretos del enfoque BEST 5 son claros. Los efectos fisiológicos del primer paso BEST, la sensibilización cerebral, son quizá los más fácilmente entendidos. Los practicantes pueden verificar los efectos a través de su propia experiencia muy al inicio del proceso de entrenamiento. Por ejemplo, pueden notar que su circulación mejora cuando sus manos y sus pies se calientan por primera vez en años, o pueden sentirse con más energía y despiertos a lo largo del día.

Beneficios concretos de BEST

En un estudio llevado a cabo en el Weill Medical College de la Universidad Cornell, el Dr. Sung Lee estudió los resultados de practicantes que habían tomado la clase regular de *yoga dahn* durante tres meses. A los participantes se les aplicó una encuesta en ocho áreas relacionadas con la calidad de vida, que iban desde salud general hasta el bienestar social y mental. Los practicantes mejoraron significativamente en todas las áreas que se midieron, incluyendo la eficacia, el espíritu fundamental de lo que es posible.

Estos resultados sorprendentes se deben probablemente al efecto del *yoga dahn* en la respuesta del cuerpo frente al estrés, que es uno de los principales motivos por los que la gente busca el método de entrenamiento BEST 5 en primer lugar. Y ésta es una muy buena razón para buscar el en-

Punto de partida y cifras de seguimiento durante tres meses de calidad de vida entre los nuevos practicantes de BEST en los Centros de Yoga Dahn.

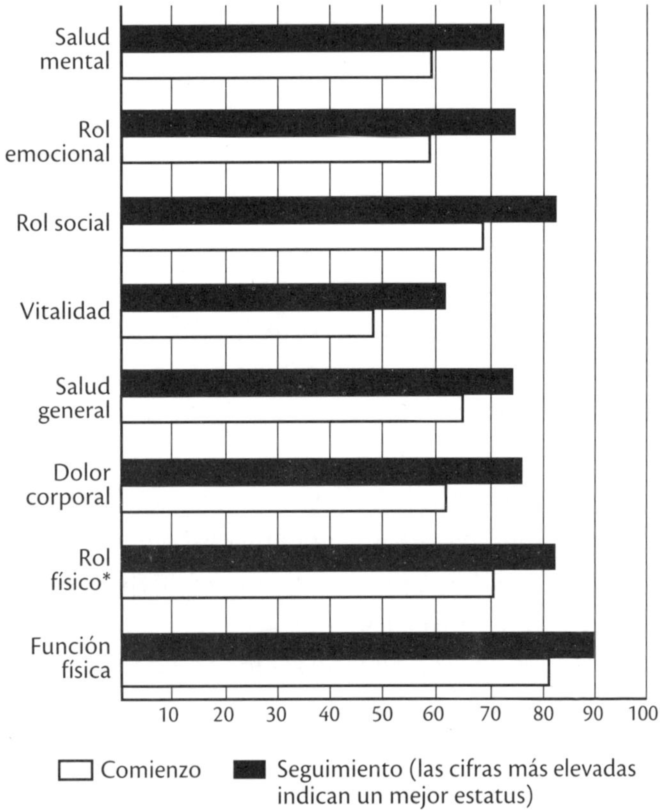

* Los roles físico y emocional se refieren a la impresión que tienen los participantes de su salud en relación con su rol ocupacional.
Journal of General Medicine, 2004, Vol. 19.

trenamiento, pues las respuestas sobreactivadas parecen contribuir a muchos padecimientos modernos, incluyendo enfermedades autoinmunes, enfermedades cardiacas, sobrepeso y presión arterial elevada.

El papel del cerebro

Sin embargo, ¿qué tiene que ver todo esto con el entrenamiento cerebral? Bueno, la respuesta frente al estrés comienza y termina con el cerebro, porque éste controla el sistema nervioso autónomo, el cual abarca tanto el sistema nervioso simpático como el parasimpático. Cuando las personas están bajo estrés continuo, la respuesta simpática, o de pelea o huida, se activa. Bajo condiciones estresantes el cerebro secreta hormonas que afectan a la mayoría de los órganos más importantes del cuerpo. En dosis pequeñas estas hormonas pueden ser útiles tanto para la función del cerebro como del cuerpo, pero por periodos prolongados, pueden resultar muy dañinas.

Como otras formas de *yoga* y meditación, la clase regular de *yoga dahn* estimula la respuesta parasimpática, o de descansa y digiere, la cual contrarresta la respuesta frente al estrés que parece estar sobreactivada en tantas personas estos días. Elementos tales como la respiración jung-

choong y el estiramiento de meridianos parecen servir como una especie de ejercicio para el nervio vago, una pieza clave en la respuesta parasimpática. El nervio vago conecta la médula del cerebro con la mayoría de nuestros órganos internos más importantes. Cuando la respuesta parasimpática se activa, se experimenta el estado energético ideal de "arriba el agua, abajo el fuego". En esta condición, la cabeza está fría y el abdomen caliente, y la energía circula continuamente por todo el cuerpo.

El estrés continuo que las personas experimentan tiene sus raíces en la información sensorial que sobreestimula la respuesta simpática. Cuando meditamos o practicamos la respiración profunda, en esencia apagamos el cerebro por un rato, lo cual lo libera por un momento de la sobrecarga sensorial que se ha vuelto una parte típica de nuestra vida. Múltiples estudios han confirmado la efectividad de la meditación. En los hechos reales, el cerebro no se apaga durante la meditación, pero los lóbulos asociados con los cinco sentidos se aquietan y las regiones asociadas con la felicidad y el bienestar se activan.

El cerebro flexible

Una vez liberado de los estragos del estrés continuo, los practicantes están listos para el siguiente paso, la versatilización cerebral. Este paso aprovecha el hecho de que el cerebro tiene una capacidad sorprendente de reestructurarse y reorganizarse, llamada neuroplasticidad. En un momento se pensó que el cerebro adulto está más o menos predeterminado, pero ahora queda claro que las personas poseen la capacidad de crear nuevas conexiones cerebrales hasta el fin de su vida. Esto significa que jamás perdemos la capacidad de aprender nuevas cosas y de cambiar nuestros hábitos personales en cualquier cosa que elijamos.

Sin embargo, no quiere decir que el cambio sea siempre fácil. El cerebro fortalece las conexiones neurales siempre que repetimos una conducta, de modo que los hábitos pueden arraigarse bastante en el cerebro, aun cuando sepamos cognitivamente hablando que la conducta no es benéfica. Los ejercicios y programas de este paso ayudan a liberar a las personas de hábitos emocionales y físicos, acentuando la neuroplasticidad del cerebro.

El cerebro emocional

Reprogramar el cerebro puede resultar especialmente difícil cuando está involucrada la memoria emocional. En esencia, los recuerdos emocionales pueden bloquear tu capacidad de aprender nuevas cosas, y por tanto pueden truncar el potencial. Si alguna vez has sentido ansiedad hacia las matemáticas o te has negado a probar algo nuevo por miedo al ridículo, fácilmente puedes ver cómo las emociones se interponen en el camino del aprendizaje. Con frecuencia estos bloqueos están enterrados en lo profundo del subconsciente y se necesita un tiempo para resolverlos. Los ejercicios de renovación cerebral ayudan a las personas a identificar y eliminar estos bloqueos emocionales.

El papel de las emociones en el cerebro pueden tener un alcance mucho mayor que las limitaciones personales que imponen. Las emociones también pueden ejercer un gran impacto social. El neurocientífico James LeDoux ha sido un pionero en identificar cómo el miedo surge en el cerebro. No sólo ha localizado el lugar donde se procesa el miedo, también ha identificado el mecanismo por medio del cual el cerebro crea los miedos habituales, como las fobias y la ansiedad prolongada. Además, ha descrito cómo esto puede manifestarse en el nivel cultural, en la forma de prejuicios legítimos, utilizados para justificar la guerra y otras atrocidades contra los derechos humanos.

El cerebro unificado

Una vez que tu cerebro ha obtenido un cierto grado de libertad de las emociones, el estrés y los hábitos arraigados, estás listo para hacer la pregunta fundamental mencionada con anterioridad: "¿Quién soy?". Aunque puedes hacerte esta pregunta en cualquier momento podrás responderla con mucha mayor precisión si tu cerebro está libre de los viejos patrones de pensamiento que distorsionan tu sentido de identidad. A este estado se le llama integración cerebral porque las tres capas del cerebro: el tallo cerebral, el sistema límbico y la neocorteza, están listos para trabajar juntos, y no en oposición. Resulta interesante que las capas del cerebro reflejan la historia evolutiva de la humanidad —reptiliana, mamífera y primate— y ahora pueden aplicarse a tu propia evolución personal.

BEST enfoca la integración cerebral como un proceso que ocurre en dos dimensiones: en el eje horizontal, los hemisferios izquierdo y derecho, y en el eje vertical, el tallo cerebral, el sistema límbico y la neocorteza. Probablemente ya estás consciente de que tu cerebro tiene dos mitades distintas, y que un lado tiende a dominar al otro. El hemisferio derecho se asocia con la capacidad intuitiva, la imaginación y la espontaneidad. La integración cerebral busca sobrepasar la dominancia de los dos hemisferios, de modo que los dos lados puedan trabajar juntos a su máxima capacidad.

[Capas del cerebro]

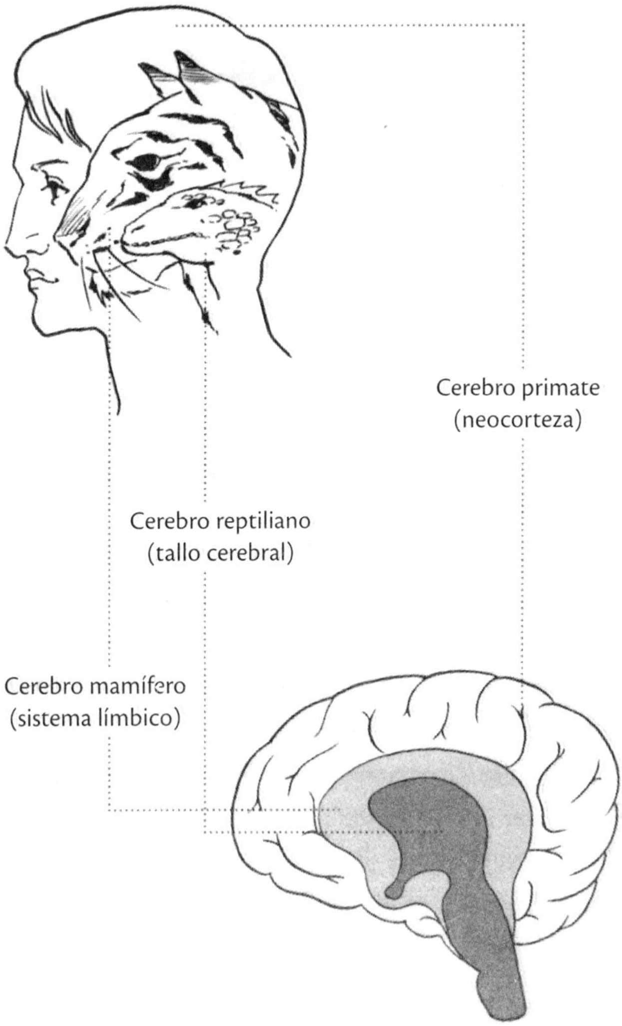

[Cerebro derecho e izquierdo]

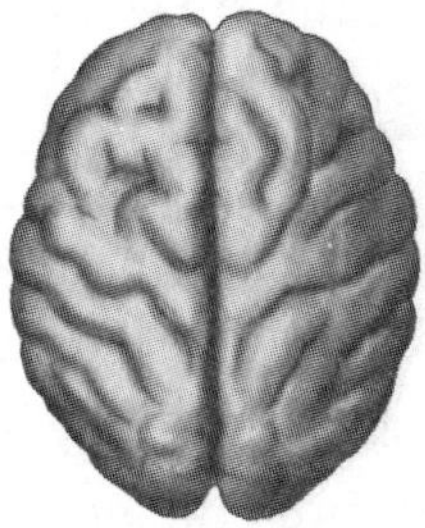

Cerebro izquierdo	**Cerebro derecho**
lógica	creatividad
idioma	imaginación
números	intuición
detalles	espontaneidad
análisis	visualización
proceso	ritmo

Así como los dos hemisferios del cerebro pueden integrarse, también pueden hacerlo sus tres capas verticales: el tallo cerebral, el sistema límbico y la neocorteza. Una vez que estos tres niveles trabajan en armonía, las emociones (el sistema límbico) ya no interfieren con el pensamiento creativo y racional (la neocorteza) y el cuerpo físico (el tallo cerebral) trabaja para apoyar todas las funciones cognitivas.

El cerebro realizado

El siguiente paso consiste en la maestría cerebral: el desarrollo activo del lóbulo frontal, la parte ejecutiva del cerebro que imagina, planea, establece metas y toma decisiones. La meta aquí se equipara al modelo psicológico clásico de la persona autorrealizada. Esta persona ideal vive en una autoexploración constante y deliberada, continuamente refinando su carácter hacia el concepto más elevado del ser. Maslow afirmó enfáticamente que esta autoexploración debe ir acompañada por la acción, que no debe volverse un ejercicio de introversión egocéntrica. Ésa es la razón por la que también defendemos seguir una visión elevada y digna de nuestra vida.

Cuando creó su modelo de autorrealización, Maslow se basó en las obras del filósofo del siglo XVIII Dr. Richard M. Bucke, quien defendió el desarrollo de lo que él llamo la "conciencia cósmica". Bucke describió esta conciencia como la percepción del mundo como un organismo gigante en el cual estamos conectados a toda otra cosa viva. Una vez más vemos aquí un maravilloso paralelismo con la filosofía del Tao, la cual enfatiza la unidad esencial de todas las cosas.

En esencia, el programa de entrenamiento BEST 5 es un sistema de desarrollo cerebral que progresa de lo físico a lo psicológico y, finalmente, a lo filosófico. Al final, se trata de una filosofía de vida, un medio de mejoramiento continuo. Esperamos que este sistema no sólo cree felicidad para las personas, sino que inicie una ola de salud, alegría y paz en todo el mundo.

Acerca del autor

Durante los últimos veinticinco años, el autor Ilchi Lee ha dedicado su vida a encontrar distintas formas de desarrollar las capacidades del cerebro humano. La educación cerebral, un programa de entrenamiento mente-cuerpo que ayuda a desencadenar el verdadero potencial del cerebro, es el fruto principal de esta búsqueda. A través de numerosos programas para adultos y niños, muchas personas han descubierto un camino hacia una mayor salud, felicidad y paz.

El propósito esencial del desarrollo cerebral, de acuerdo con Lee, es la paz mundial duradera. Su filosofía de paz cerebral identifica al cerebro como el asiento de la conciencia humana, y, por tanto, considera que a través del desarrollo del cerebro la humanidad puede trascender sus patrones destructivos de violencia y odio.

Actualmente, Lee ocupa el cargo de presidente de la Universidad de Educación Cerebral. Asimismo es presidente del Instituto Coreano de Ciencia Cerebral y también de la Asociación Internacional de Educación Cerebral (IBREA, por sus siglas en inglés). Lee es autor de treinta libros. Su trabajo como pacificador y educador ha sido ampliamente reconocido, tanto en su natal Corea, como en la comunidad internacional.

Para mayor información, por favor visite www.ilchilee.com y www.ibrea.org.

TÍTULOS DE ESTA COLECCIÓN

Aprenda más rápido y recuerde más.
Gamon y Bragdon

Cerebro en forma.
Gareth Brook

Cerebros que funcionan un poco diferente.
Bragdon y Gamon

Cómo desarrollar el poder del lado izquierdo del cerebro.
Bragdon y Gamon

Ejercicios inteligentes.
Bragdon y Gamon

Ejercicios para todo el cerebro.
Bragdon y Fellows

Juegos para ejercitar el cerebro.
Gamon y Bragdon

Memoria sin edad.
Harry Lorayne

Principios de administración cerebral.
Ilchi Lee

¡Úselo o piérdalo!
Bragdon y Gamon

Vibración de ondas cerebrales.
Ilchie Lee

Esta obra se Imprimió
En los talleres de
IMPRESOS MEGA UNIÓN S. A. de C.V.
Calle 10 № 1 esq. Av 6 pte
Col. Renovación Deleg. Iztapalapa
C. P. 09209 México D. F.
Tel: 15 46 31 62